제5판

301句로 끝내는 중국어 회화

워크북

베이징대학출판사 편

康玉华·来思平 편저

다락원

『제5판 301句로 끝내는 중국어 회화』 시리즈는 상, 하, 합본, 워크북으로 구성되어 있습니다.

- 『제5판 301句로 끝내는 중국어 회화』 상   본문 20과(1~20과), 복습 4과
- 『제5판 301句로 끝내는 중국어 회화』 하   본문 20과(21~40과), 복습 4과
- 『제5판 301句로 끝내는 중국어 회화』 합본   본문 40과(1~40과), 복습 8과
- 『제5판 301句로 끝내는 중국어 회화』 워크북   본문 관련 연습 문제 40과

✚ 본문 한 과의 학습 흐름

301句 대표 문장 〉 새 단어 〉 본문 회화 〉 확장 표현 〉 어법 〉 연습 문제

『제5판 301句로 끝내는 중국어 회화』 워크북은 본문 40과 구성과 완벽하게 매칭되어 있어, 그날 배운 내용을 즉시 복습할 수 있습니다. 본 워크북은 학습자의 독학용은 물론, 교강사의 강의용 교재나 학생들의 과제용으로도 폭넓게 쓰일 수 있습니다.

실제 교육 현장에서 효과가 검증된 다양한 연습 방법과 테스트 형식을 채택하였습니다. 이를 통해 초급 학습자가 흔히 범하는 오류를 다각도로 바로잡아 줍니다. 어휘 조합부터 상황별 문장 구조 변환, 독해에 이르기까지 다채로운 연습을 거치며 학습자는 언어 운용 능력을 확장하고, 중국어를 이해하고 응용하는 힘을 기르게 됩니다.

✚ 워크북 한 과의 주요 문제 유형

- **발음** 한자와 한어병음 연결하기
- **어휘** 문장 빈칸 채우기
- **어법** 틀린 문장 찾아 고치기
- **발음** 성조 분별하기
- **어법** 어순 배열하기
- **독해** 본문 읽고 내용 파악하기
- **어법** 문형 바꾸기
- **어법** 틀린 문장 찾기
- **회화** 상황에 맞는 대화 만들기

차례

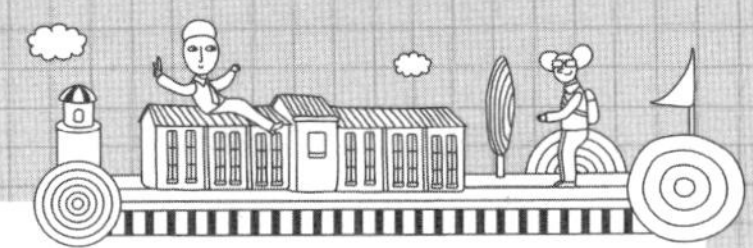

『제5판 **301句로 끝내는 중국어 회화**』 학습 진도표 **40일 완성**

일일 루틴

STEP 1 본서: 301句 대표 문장 → 새 단어 → 본문 회화 → 확장 표현 → 어법 → 연습 문제
STEP 2 워크북: 해당 과 문제 풀이
STEP 3 복습: 학습 웹페이지, 구문 쇼츠 영상, 패턴 말하기 영상, 받아쓰기 노트 PDF

학습 웹페이지
바로 가기

	DAY 01	DAY 02	DAY 03	DAY 04	DAY 05
본서	본문 01과	본문 02과	본문 03과	본문 04과	본문 05과 복습 01과
워크북	p.7	p.9	p.12	p.15	p.18
학습 주제	인사하기	안부 묻기	근황 묻기	이름 묻기	소개하기

	DAY 06	DAY 07	DAY 08	DAY 09	DAY 10
본서	본문 06과	본문 07과	본문 08과	본문 09과	본문 10과 복습 02과
워크북	p.21	p.24	p.28	p.31	p.34
학습 주제	날짜 묻기	가족 관계 묻기	시각 묻기	거주지 묻기	길 묻기

	DAY 11	DAY 12	DAY 13	DAY 14	DAY 15
본서	본문 11과	본문 12과	본문 13과	본문 14과	본문 15과 복습 03과
워크북	p.37	p.41	p.44	p.48	p.52
학습 주제	물건 사기①	물건 사기②	대중교통 이용하기	환전하기	전화하기

	DAY 16	DAY 17	DAY 18	DAY 19	DAY 20
본서	본문 16과	본문 17과	본문 18과	본문 19과	본문 20과 복습 04과
워크북	p.56	p.60	p.63	p.66	p.70 종합테스트① p.75
학습 주제	날짜 묻기	가족 관계 묻기	시각 묻기	거주지 묻기	길 묻기

	DAY 21	DAY 22	DAY 23	DAY 24	DAY 25
본서	본문 21과	본문 22과	본문 23과	본문 24과	본문 25과 복습 05과
워크북	p.81	p.84	p.88	p.92	p.96
학습 주제	초대하기	정중히 거절하기	사과하기	유감 표현하기	칭찬하기

	DAY 26	DAY 27	DAY 28	DAY 29	DAY 30
본서	본문 26과	본문 27과	본문 28과	본문 29과	본문 30과 복습 06과
워크북	p.100	p.103	p.107	p.110	p.114
학습 주제	축하하기	권고하기	비교하기	취미	언어

	DAY 31	DAY 32	DAY 33	DAY 34	DAY 35
본서	본문 31과	본문 32과	본문 33과	본문 34과	본문 35과 복습 07과
워크북	p.118	p.122	p.126	p.130	p.134
학습 주제	여행하기①	여행하기②	여행하기③	진찰 받기	문병하기

	DAY 36	DAY 37	DAY 38	DAY 39	DAY 40
본서	본문 36과	본문 37과	본문 38과	본문 39과	본문 40과 복습 08과
워크북	p.138	p.142	p.146	p.150	p.154 종합테스트② p.158
학습 주제	작별 인사	송별	짐 부치기	배웅하기①	배웅하기②

01 你好!

안녕하세요!

1 제시된 성모와 발음 방법이 같은 그룹의 성모를 써 보세요.

(1) **b** ____________________ ____________________ ____________________

(2) **d** ____________________ ____________________ ____________________

(3) **g** ____________________ ____________________

2 제시된 단어의 알맞은 발음에 √ 표시하세요.

(1) 我们　　wǒmen （　） 　　wòmen （　）

(2) 他们　　tǎmen （　） 　　tāmen （　）

(3) 都　　　dǒu （　） 　　dōu （　）

(4) 来　　　lán （　） 　　lái （　）

(5) 妈妈　　māma （　） 　　mama （　）

(6) 爸爸　　bǎba （　） 　　bàba （　）

3 3성에서 2성으로 성조 변화가 일어나는 음절에 밑줄을 그어 보세요.

(1) nǐ hǎo　　(2) lǎolao　　(3) gǎnmào　　(4) lǎohǔ

(5) dàmǐ　　(6) wǒ lái　　(7) wǔdǎo　　(8) bǎnběn

4 3성에서 반3성으로 성조 변화가 일어나는 음절에 밑줄을 그어 보세요.

(1) nǐmen　　(2) bǎoliú　　(3) fǎlù　　(4) mǎhu

(5) niúnǎi　　(6) dānbǎo　　(7) měicān　　(8) mángguǒ

5 제시된 단어의 한어병음을 써 보세요.

(1) 好 __________ (2) 吗 __________ (3) 也 __________ (4) 都 __________

(5) 来 __________ (6) 她 __________ (7) 我们 __________ (8) 你们 __________

6 상황에 맞게 대화를 완성하세요.

(1) A __________________________________!

　　B 你好!

(2) A 你的爸爸__________________________?

　　B 他来。

(3) A 你的妈妈__________________________?

　　B 她很好。

(4) A 你爸爸妈妈__________________________?

　　B 他们都很好。

7 제시된 한어병음에 알맞은 단어를 한자로 써 보세요.

(1) bàba __________________ (2) māma __________________

(3) dōu __________________ (4) lái __________________

(5) tāmen __________________ (6) yě __________________

(7) wǒ __________________ (8) ma __________________

8 '也'가 부수로 포함된 한자를 쓰고 발음을 한어병음으로 써 보세요.

(1) __________ (한어병음: 　　　　) (2) __________ (한어병음: 　　　　)

9 제시된 상황에 맞춰 대화해 보세요.

> | 상황 | 你遇见(yùjiàn, 만나다)大卫，问候(wènhòu, 인사하다)他。
> 데이비드를 만났습니다. 그에게 인사해 보세요.

你身体好吗?

건강은 어떻습니까?

1 제시된 성모와 발음 방법이 같은 그룹의 성모를 써 보세요.

(1) **j** ___________________ ___________________

(2) **z** ___________________ ___________________

(3) **zh** ___________________ ___________________

2 한어병음을 더하거나 바꿔 'y', 'w'로 표기한 음절에 밑줄을 그어 보세요.

(1) yě   (2) nǐmen   (3) wǔ ge   (4) shēntǐ

(5) tiào wǔ   (6) yìqǐ   (7) zàijiàn   (8) fěnbǐ

(9) wūyā   (10) yǒuyì

3 제시된 단어에 알맞은 한어병음에 동그라미 하세요.

(1) 五   (ú   wú   wù   wǔ)

(2) 八   (bā   pā   bà   pá)

(3) 九   (jiù   jí   qiǔ   jiǔ)

(4) 早   (zāo   zǎo   zuò   zào)

(5) 身体   (shěn tí   shēntǐ   shì nǐ   shěntì)

(6) 谢谢   (xiéxie   xiēxie   xièxie   xièxiè)

(7) 再见   (sàijiàn   zāijiàn   zàijiǎn   zàijiàn)

(8) 老师   (lǎoshī   lǎo sǐ   làoshī   láoshí)

4 제시된 단어의 병음을 써 보세요.

(1) 四 _________　　(2) 十 _________　　(3) 五 _________　　(4) 六 _________

(5) 九 _________　　(6) 您 _________　　(7) 今天 _________　　(8) 号 _________

5 상황에 맞게 대화를 완성하세요.

(1)　A, B ________________________! (早)

　　老师 ________________________!

　　A 　________________________________? (身体)

　　老师 ____________________, ____________________! (很　谢谢)

　　________________________________? (你们　好)

　　A, B ________________________________。 (都)

(2)　A 　王兰, ________________________!

　　B 　你好!

　　A 　你妈妈 ________________________?

　　B 　她身体 ________________________。 (很)

　　A 　今天她 ________________________?

　　B 　她来。

　　A 　你爸爸 ________________________? (也)

　　B 　来，他们今天 ________________________。 (都)

6 제시된 단어를 어순에 맞게 배열해 문장을 완성하세요.

> | 보기 | 很　　好　　我 → 我很好。

(1) 身体　我　好　很

　　→ ________________________________

(2) 今天　爸爸　来　妈妈　都

　　→ ________________________________

(3) 身体　他们　吗　好　都

→ ____

(4) 您　老师　早

→ ____

(1) Lǎoshī, nín hǎo!

→ ____

(2) Xièxie nǐmen!

→ ____

(3) Shēntǐ hěn hǎo.

→ ____

(4) Bàba māma zàijiàn!

→ ____

8 '亻'이 부수로 포함된 한자를 사용해 빈칸을 채워 보세요.

| nǐ | nǐmen | tā | tǐ |

(1) ________ 好　(2) ________________　(3) ____________ 来　(4) 身________

9 제시된 상황에 맞춰 대화해 보세요.

| 상황 |　你遇见老师，询问(xúnwèn, 묻다)老师的身体情况(qíngkuàng, 상황)。
선생님을 뵈었습니다. 선생님의 건강을 여쭤보세요.

03 你工作忙吗?

일이 바쁩니까?

1 제시된 6개의 성모 그룹을 모두 써 보세요.

(1) b _________________________ _________________________ _________________________

(2) d _________________________ _________________________ _________________________

(3) g _________________________ _________________________

(4) j _________________________

(5) z _________________________

(6) zh _________________________ _________________________

2 'ü' 발음이 있는 음절에 밑줄을 그어 보세요.

(1) yuànzi (2) nǔlì (3) xiǎoyǔ (4) jùzi

(5) chūfā (6) xuéxí (7) yīnyuè (8) túshū

(9) qǔzi (10) juédìng (11) lùdēng (12) dìqū

3 괄호에 '不', '一'의 발음을 한어병음으로 써 보세요.

不

(1) 不好 (　　　) (2) 不来 (　　　) (3) 不累 (　　　) (4) 不太忙 (　　　)

(5) 不是(shì) (　　) (6) 不高(gāo) (　　) (7) 不谢 (　　) (8) 不太累 (　　)

一

(9) 一起(qǐ) (　　) (10) 一天(tiān) (　　) (11) 一块(kuài) (　　) (12) 一毛(máo) (　　)

(13) 一早(zǎo) (　　) (14) 一般(bān) (　　) (15) 一年(nián) (　　) (16) 一会儿(huìr) (　　)

4 제시된 단어의 한어병음을 써 보세요.

(1) 哥哥 _______________ (2) 弟弟 _______________ (3) 姐姐 _______________

(4) 妹妹 _______________ (5) 年 _______________ (6) 月 _______________

(7) 日 _______________ (8) 号 _______________ (9) 今天 _______________

(10) 明天 _______________ (11) 今年 _______________ (12) 明年 _______________

5 상황에 맞게 대화를 완성하세요.

(1) **A** 我________________________, ________________? (呢)

　　B 我身体也很好，谢谢!

(2) **A** 今天10月31号吗?

　　B 不, ________________。 (11/1)

(3) **A** 明年你哥哥来，你________________? (呢)

　　B 我妹妹工作很忙，她不来。

(4) **A** 明天你爸爸妈妈来吗?

　　B 我爸爸________________, 我妈妈________________。 (不)

(5) **A** 我工作很忙，也很累，________________?

　　B 我________________。 (不 太)

6 괄호 안의 단어가 들어갈 알맞은 위치를 고르세요.

(1) **A** 他们 **B** 身体 **C** 很好 **D**。 (都)

(2) 哥哥 **A** 不工作，**B** 姐姐 **C** 不 **D** 工作。 (也)

(3) **A** 他们 **B** 工作 **C** 很忙，**D** 很累。 (也)

(4) **A** 爸爸 **B** 妈妈 **C** 身体 **D** 好吗? (你)

7 제시된 한어병음에 알맞은 문장을 한자로 써 보세요.

(1) Wǒ gēge、dìdi míngnián dōu lái.

→ ______________________________________

(2) Tā bàba、māma shēntǐ bú tài hǎo.

→ ______________________________________

8 '女'가 부수로 포함된 한자를 사용해 빈칸을 채워 보세요.

	hǎo		tā		māma
(1)	你____	(2)	____来	(3)	____

	jiějie		mèimei
(4)	____	(5)	____

9 제시된 상황에 맞춰 대화해 보세요.

| 상황 | 你问候朋友最近(zuìjìn, 최근)的工作情况。
친구의 최근 업무 상황을 물어 보세요.

04 您贵姓?

당신의 성씨는 무엇입니까?

1 제시된 단어에 알맞은 한어병음을 쓰고, 문장 속 빈칸을 제시 단어로 채워 보세요. (단어 여러 번 사용 가능)

(1) 姓 (　　　　　)　　(2) 叫 (　　　　　)　　(3) 是　(　　　　　)

(4) 不 (　　　　　)　　(5) 太 (　　　　　)　　(6) 高兴 (　　　　　)

(7) 很 (　　　　　)　　(8) 都 (　　　　　)　　(9) 也　(　　　　　)

他 __________ 大卫。他 __________ 是老师，__________ 不是大夫，他 __________ 学生。他 __________ 美国人。他 __________ 太忙，也 __________ 太累。

她 __________ 张，她 __________ 老师。她 __________ 忙，__________ 很累。他们 __________ 是我朋友。我认识他们很 __________。

2 제시된 단어를 어순에 맞게 배열해 문장을 완성하세요. (단어 두 번 사용 가능)

(1) 是　他　弟弟　大夫

→ ______________________________

(2) 叫　他　名字　什么

→ ______________________________

(3) 身体　妹妹　我　好　很

→ ______________________________

(4) 不　老师　学生　我　是

→ ______________________________

3 상황에 맞게 대화를 완성하세요.

(1) A ＿＿＿＿＿＿＿＿＿＿＿＿＿？ (姐姐)

    B 她叫兰兰(Lánlan, 란란[인명])。

    A 她＿＿＿＿＿＿＿＿＿＿？ (学生)

    B 她是学生。

(2) A ＿＿＿＿＿＿＿＿＿＿＿＿？

    B 他姓王。

    A ＿＿＿＿＿＿＿＿＿＿＿＿？

    B 他不是老师，是大夫。

(3) A 你＿＿＿＿＿＿＿＿＿＿？ (弟弟)

    B 我认识你弟弟。＿＿＿＿＿？

    A 他今天不来，明天来。

(4) A ＿＿＿＿＿＿＿＿＿＿＿＿？

    B 我不认识那个人。＿＿＿＿＿？ (呢)

    A 我也不认识。

4 제시된 문장을 의문문으로 고쳐 써 보세요.

(1) 她叫王兰。 → ＿＿＿＿＿＿＿＿＿＿＿＿

(2) 我姓张。 → ＿＿＿＿＿＿＿＿＿＿＿＿

(3) 我不是美国人。 → ＿＿＿＿＿＿＿＿＿＿

(4) 他是美国留学生。 → ＿＿＿＿＿＿＿＿＿

(5) 我不认识那个学生。 → ＿＿＿＿＿＿＿＿

(6) 他很忙。 → ＿＿＿＿＿＿＿＿＿＿＿＿

(7) 她不是我朋友，是我妹妹。 → ＿＿＿＿＿＿

(8) 我不太累。 → ＿＿＿＿＿＿＿＿＿＿＿

5 다음 문장에서 틀린 부분을 고쳐 써 보세요.

(1) 他是累。 → _______________________________

(2) 她姓张老师。 → _______________________________

(3) 我是美国人留学生。 → _______________________________

(4) 他贵姓? → _______________________________

(5) 都三个人是学生。 → _______________________________

6 제시된 한어병음에 근거해 빈칸을 채워 보세요.

我_______________(rènshi) 大卫，他是_______________(xuésheng)。认识他
我_______________(hěn) _______________(gāoxìng)。他爸爸妈妈_______________(shēntǐ)
都很好，_______________(gōngzuò) _______________(yě) 很忙。

7 '口'가 부수로 포함된 한자를 사용해 빈칸을 채워 보세요.

ma   ne   jiào   míng

(1) 好_________ (2) 你_________ (3) _________什么 (4) _________字

8 제시된 상황에 맞춰 대화해 보세요.

| 상황 | 你询问同学的姓名和身体情况。
반 친구의 이름과 건강 상황을 물어 보세요.

05 我介绍一下儿

제가 소개해 드리겠습니다

1 제시된 단어의 한어병음을 써 보세요.

(1) 也 _____________

(2) 是 _____________

(3) 回 _____________

(4) 的 _____________

(5) 在 _____________

(6) 看 _____________

(7) 认识 _____________

(8) 介绍 _____________

(9) 一下儿 _____________

2 제시된 단어로 빈칸을 채운 후, '什么', '哪儿', '谁'를 사용해 의문문으로 바꿔 보세요.

| 보기 |　也　　是　　回　　的　　在　　看　　认识　　介绍　　一下儿

你们都不_________她，我_________________________。(1)她姓林(Lín, 린[성])。(2)她
_________我姐姐_________好朋友，_________ _________我_________
朋友。她_________北京人。(3)她爸爸妈妈_________家_________北京。
(4)她_________上海(Shànghǎi, 상하이)工作。她_________大学老师，工作很忙，
_________很累。今天是十月一日，都休息，(5)她_________北京_________她
爸爸妈妈，_________来_________我们。

(1) → ____

(2) → ____

(3) → ____

(4) → ____

(5) → ____

3 상황에 맞게 대화를 완성하세요.

(1) **A** ____?

 B 我不去超市，我回宿舍。_________________? (哪儿)

 A 我去朋友家。

(2) **A** ____?

 B 他不在大卫的宿舍。

 A ____?

 B 他在教室。

(3) **A, B** 我们去商店，_____________________? (吗)

 C 不去，我很累，想回家休息。

(4) **A** _____________________________? (王兰)

 B 在。玛丽，请进!

 A ____!

 B 不谢。

(5) **A** _____________________________? (爸爸)

 B 他工作。

 A _____________________________? (也)

 B 不，她身体不太好，在家休息。

4 다음 문장에서 틀린 부분을 고쳐 써 보세요.

(1) 我去家。 → _________________________________

(2) 谁是他? → _________________________________

(3) 他不是北京的人。 → _________________________

(4) 我不认识那个留学生美国的。 → _______________

5 제시된 한어병음에 알맞은 한자를 써 보세요.

(1) zài sùshè   _______________

(2) lái jiàoshì   _______________

(3) qù shāngdiàn   _______________

(4) qǐng jìn   _______________

(5) zà jiā xiūxi   _______________

6 '讠'이 부수로 포함된 한자를 사용해 빈칸을 채워 보세요.

	xièxie		rènshi		shéi		qǐng
(1)	_________	(2)	_________	(3) 是	_________	(4)	_________问

7 제시된 상황에 맞춰 대화해 보세요.

| 상황 | 请与同学们互相(hùxiāng, 서로)介绍自己。
반 친구들과 서로 자기 소개를 해 보세요.

'大'에는 발음이 2개 있습니다. 두 가지 다른 발음이 쓰인 단어를 쓸 수 있나요?

_______________________   _______________________

06 你的生日是几月几号?

당신의 생일은 몇 월 며칠입니까?

1 보기 내용에 근거해 제시된 단어를 문장으로 만들고, 한어병음을 써 보세요.

> |보기| 今天 → **今天**(2026年)9月27日(号)星期日。
> (Jīntiān (èr líng èr liù nián) jiǔ yuè èrshíqī rì (hào) xīngqīrì.)

(1) 明天 → ____

      (____)

(2) 昨天→ ____

      (____)

2 빈칸을 채운 후, '几', '哪儿', '谁', '什么'를 사용해 의문문으로 바꿔 보세요.

(1)今天____________(9/30)。(2)今天______我朋友______生日。(3)我朋友______大卫，他______美国留学生。他今年______(20)岁。(4)我们三______人都______大卫______好朋友。(5)今天下午我们______去商店买东西。(6)晚上______去大卫______宿舍______他。

(1) → ____

(2) → ____

(3) → ____

(4) → ____

(5) → ____

(6) → ____

3 상황에 맞게 대화를 완성하세요.

(1) A ________________________________? (明天晚上)

   B 我看书，________________? (呢)

   A 在家听音乐。

(2) A 今天晚上我去酒吧，________________? (什么)

   B 看电视。

(3) A 明天下午我们去买东西，________________?

   B 我不去，我朋友来看我。

(4) A 这个星期你去王兰家吗?

   B 我不去，________________。(忙)

4 다음 문장에서 틀린 부분을 고쳐 써 보세요.

(1) 2026年25号3月我在北京工作。

   → ________________________________

(2) 明天十一点上午他们超市买东西。

   → ________________________________

(3) 他这个星期六十二号来我家玩儿。

   → ________________________________

(4) 我在宿舍昨天下午休息。

   → ________________________________

(5) 他看书在家昨天晚上。

   → ________________________________

5 제시된 한어병음에 알맞은 한자를 써 보세요.

(1) qù chāoshì mǎi dōngxi ____________________

(2) zài sùshè tīng yīnyuè ____________________

(3) xīngqītiān xiūxi ____________________

(4) wǎnshang kàn diànshì ____________________

6 제시된 단어에 알맞은 동사를 써 보세요.

(1) __________ 书　(2) __________ 音乐　(3) __________ 东西　(4) __________ 家

(5) __________ 微信　(6) __________ 朋友　(7) __________ 电影　(8) __________ 商店

(9) __________ 宿舍　⑽ __________ 什么　⑾ __________ 书店　⑿ __________ 酒吧

7 '日'가 부수로 포함된 한자를 사용해 빈칸을 채워 보세요.

míng　　　　　　　zuó　　　　　　　wǎn

(1) __________ 天　(2) __________ 天　(3) __________ 上

xīng　　　　　　　shì　　　　　　　yīn

(4) __________ 期　(5) __________ 他　(6) __________ 乐

8 제시된 상황에 맞춰 소개해 보세요.

| 상황 | 说说今天、明天你的计划(jìhuà, 계획)。
나의 오늘과 내일 계획을 말해 보세요.

'两个月'를 한 글자로 쓰면?

____

你家有几口人?

당신의 가족은 몇 명입니까?

1 제시된 단어의 한어병음을 써 보세요.

(1) 结婚 _______________　(2) 职员 _______________　(3) 银行 _______________

(4) 孩子 _______________　(5) 学习 _______________　(6) 有 _______________

(7) 没 _______________　(8) 和 _______________　(9) 课 _______________

2 제시된 단어로 빈칸을 채운 후, 문장을 의문문으로 바꿔 보세요.

| 보기 |　结婚　职员　银行　孩子　学习　有　没　和　课

(1)尼娜(Nínà, 니나[인명])家_______________五口人，爸爸、妈妈、哥哥、姐姐_______________她。(2)她哥哥是_______________，在_______________工作。(3)他_______________了，(4)有一个_______________。(5)她姐姐_______________结婚，是大学生，在大学_______________英语。(6)尼娜也是大学生，她不学习英语，她_______________汉语。她很忙。(7)今天_______________课。(8)她去大学上_______________。

(1) → ____

(2) → ____

(3) → ____

(4) → ____

(5) → ____

(6) → ____

(7) → ____

(8) → ____

❸ 제시된 단어를 어순에 맞게 배열해 문장을 완성하세요.

(1) 在　我　宿舍　音乐　听

→ ________________________________

(2) 休息　我　家　在

→ ________________________________

(3) 教室　上　汉语　他们　课　在

→ ________________________________

(4) 商店　东西　他　买　在

→ ________________________________

❹ 상황에 맞게 대화를 완성하세요.

(1) A 下课了，你做什么？

　　B 我________________________________。(回　休息)

(2) A ________________________________？

　　B 我是老师，________________________________。(在)

(3) A ________________________________？

　　B 他们没结婚。

(4) A ________________________________？

　　B 我妹妹不工作，她是学生。

(5) A ________________________________？

　　B 我、爸爸、妈妈、一个姐姐和两个弟弟。

5 '不' 또는 '没'를 사용해 빈칸을 채워 보세요.

(1) 她妈妈身体很__________好。

(2) 他__________有哥哥，也__________有姐姐。

(3) 他是学生，他__________工作。

(4) 他__________在教室，在宿舍。

(5) 他__________姓张，他姓王。

(6) 我__________有英语书。

(7) 明天我__________去他家。

(8) 昨天我__________买东西。

6 제시된 한어병음에 알맞은 문장을 한자로 써 보세요.

(1) Tāmen jīnnián èr yuè jiéhūn le.

→ ____

(2) Tā yǒu liǎng ge háizi.

→ ____

(3) Wǒ míngtiān qù chāoshì mǎi dōngxi.

→ ____

7 '月' 또는 '宀'이 부수로 포함된 한자를 사용해 빈칸을 채워 보세요.

	míng		péng		nǎo		jiā

(1) __________ 天　(2) __________ 友　(3) 电 __________　(4) 我 __________

	zì		shì		sù

(5) 汉 __________　(6) 教 __________　(7) __________ 舍

8 제시된 상황에 맞춰 소개해 보세요.

| 상황 | 请你介绍自己的家庭情况。
본인의 가정 상황을 소개해 보세요.

생각해 봅시다

한 글자에 한 획을 더하면 다른 글자가 됩니다. 예를 들어 '一'에 한 획을 더하면 '二'이나 '十'가 됩니다.
아래의 이 글자도 바꿀 수 있나요?

大 → __________________　__________________　__________________

08 现在几点?

지금 몇 시입니까?

---

❶ 제시된 시간과 표현을 이용해 보기와 같이 문장으로 만들어 보세요.

> |보기| 20:30 看电视 → 我晚上八点半看电视。

(1) 7:00 起床　　　→ ________________________________

(2) 7:15 吃早饭　　→ ________________________________

(3) 12:00 吃午饭　 → ________________________________

(4) 19:30 看电视　 → ________________________________

(5) 23:50 睡觉　　 → ________________________________

❷ 상황에 맞게 대화를 완성하세요.

(1) **A** ________________________________? (吃饭)

　　B 十二点一刻。

(2) **A** ________________________________? (去上海)

　　B 明年一月去上海。

(3) **A** 你在哪儿上网?

　　B ________________________________? (家)

　　A ________________________________?

　　B 晚上九点半。

(4) **A** ________________________________? (今天)

　　B 不，我不去打网球。

　　A ________________________________? (在家)

　　B 看电视。

3 괄호 안의 단어가 들어갈 알맞은 위치를 고르세요.

(1) 我 **A** 今天 **B** 晚上 **C** 睡觉 **D**。(十一点半)

(2) **A** 明天 **B** 上午 **C** 去花店(huādiàn, 꽃집) **D** 买花儿。(九点)

(3) **A** 他 **B** 明天上午 **C** 上课 **D**。(在教室)

(4) **A** 今天 **B** 晚上 **C** 我看电视 **D**。(八点一刻)

4 다음 문장에서 틀린 부분을 고쳐 써 보세요.

(1) 我不有电脑。

→ ___________________________________

(2) 明天我没去商店。

→ ___________________________________

(3) 他们没结婚了。

→ ___________________________________

(4) 他起床七点。

→ ___________________________________

(5) 我吃饭在食堂。

→ ___________________________________

5 제시된 한어병음에 알맞은 한자를 써 보세요.

(1) qù shuì jiào ___________ (2) kàn diànyǐng ___________

(3) chī fàn ___________ (4) mǎi huār ___________

(5) dǎ wǎngqiú ___________ (6) huí sùshè ___________

6 제시된 동사에 알맞은 목적어를 써 보세요.

(1) 吃 ＿＿＿＿＿　　(2) 打 ＿＿＿＿＿　　(3) 听 ＿＿＿＿＿　　(4) 做 ＿＿＿＿＿

(5) 买 ＿＿＿＿＿　　(6) 看 ＿＿＿＿＿　　(7) 回 ＿＿＿＿＿　　(8) 起 ＿＿＿＿＿

(9) 上 ＿＿＿＿＿　　(10) 下 ＿＿＿＿＿

7 '见' 또는 'ㅊ'이 부수로 포함된 한자를 사용해 빈칸을 채워 보세요.

jiàn	shì	xiàn
(1) 再＿＿＿＿	(2) 电＿＿＿＿	(3) ＿＿＿＿在

qiú	jiào	wáng
(4) 打＿＿＿＿	(5) 睡＿＿＿＿	(6) 姓＿＿＿＿

8 제시된 상황에 맞춰 대화해 보세요.

> **|상황|** 和同伴互相介绍自己一天的学习和生活安排。
> 짝에게 하루 동안 나의 공부와 생활 스케줄을 소개해 보세요.

생각해 봅시다

'大口吃进小口'가 의미하는 글자는 무엇일까요?

＿＿＿＿＿＿＿＿＿＿＿＿＿＿＿＿＿＿＿＿＿＿＿＿＿＿＿＿＿＿＿＿

09 你住在哪儿?

당신은 어디에 삽니까?

1 제시된 단어의 한어병음을 써 보세요.

(1) 欢迎 __________ (2) 高兴 __________ (3) 有 __________ (4) 旁边 __________

(5) 玩儿 __________ (6) 在 __________ (7) 一起 __________ (8) 常 __________

(9) 和 __________ (10) 叫 __________

2 제시된 단어로 빈칸을 채운 후, 4개의 문장을 의문문으로 고쳐 써 보세요.

| 보기 | 欢迎　　高兴　　有　　旁边　　玩儿
在　　一起　　常　　和　　叫

我__________一个朋友，他__________汉斯(Hànsī, 한스[인명])。(1)他住__________
学校宿舍一号楼一层105号房间。(2)我家__________学校__________ 。我很
__________我的朋友来我家__________。(3)我们__________ __________看电影、
听音乐。(4)星期六、星期日我__________朋友们__________在学校打球。

(1) → ____

(2) → ____

(3) → ____

(4) → ____

3 '几' 또는 '多少'를 사용해 질문해 보세요.

(1) A ____?

　　 B 我们学校有八十七个老师。

(2) A ____?

　　 B 他的房间是328号。

(3) **A** ____?

    B 他的生日是6月18号。

(4) **A** ____?

    B 这个楼有六层。

(5) **A** ____?

    B 二号楼有八十个房间。

(6) **A** ____?

    B 我有三个中国朋友。

4 제시된 단어 중 알맞은 단어 2개를 골라 문장을 완성하세요.

| 보기 | **教室**　　吃饭　　花店　　玩儿　　公园
上课　　食堂　　买东西　　商店　　买花儿

→ 我去**教室上课**。

(1) 我去____。

(2) 我去____。

(3) 我去____。

(4) 我去____。

5 괄호 안의 단어가 들어갈 알맞은 위치를 고르세요.

(1) **A** 他 **B** 常 **C** 去食堂 **D** 吃饭。(不)

(2) 我 **A** 和 **B** 朋友 **C** 一起 **D** 玩儿。(常常)

(3) **A** 我们 **B** 住 **C** 在 **D** 一起。(不)

(4) **A** 他们都 **B** 在 **C** 银行 **D** 工作。(不)

(5) **A** 他 **B** 昨天 **C** 问 **D** 我们。(没)

6 제시된 한어병음에 알맞은 문장을 한자로 써 보세요.

(1) Yóujú zài gōngyuán pángbiān.

→ ______________________________________

(2) Huānyíng lái Běijīng.

→ ______________________________________

(3) Shàng kè de shíhou wèn lǎoshī.

→ ______________________________________

7 'ㅤ辶'가 부수로 포함된 한자를 사용해 빈칸을 채워 보세요.

jìn	yíng	dao	biān

(1) 请__________ (2) 欢__________ (3) 知__________ (4) 旁__________

8 제시된 상황에 맞춰 대화해 보세요.

> | 상황 | 和同学互相介绍自己住在哪儿。(如: 几号楼，几层，多少号房间)
> 반 친구들과 서로 내가 어디에 사는지 소개해 보세요. (예: 기숙사 몇 동, 몇 층, 몇 번 방)

생각해 봅시다

'半个朋友没有了'를 한 글자로 쓰면?

____

邮局在哪儿?

우체국이 어디에 있습니까?

1 제시된 단어의 한어병음을 써 보세요.

(1) 东边 _________ (2) 南边 _________ (3) 西边 _________ (4) 北边 _________

(5) 旁边 _________ (6) 那 _________ (7) 那儿 _________ (8) 休息 _________

(9) 不 _________ (10) 常 _________ (11) 在 _________ (12) 离 _________

2 제시된 단어로 빈칸을 채워, 상황에 맞게 문장을 완성하세요. (단어 두 번 사용 가능)

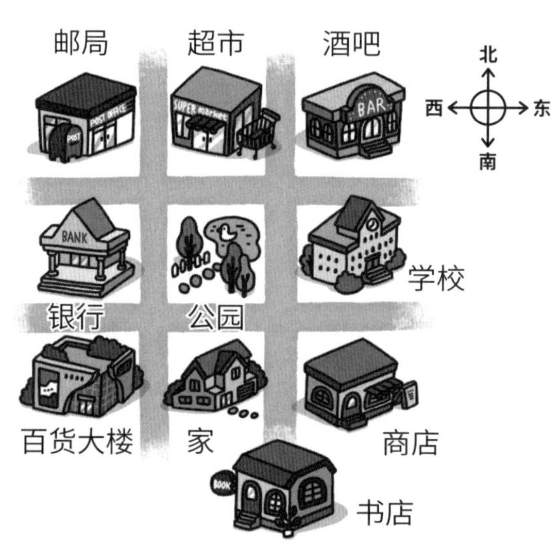

보기	东边	南边	西边	北边	旁边	那
	那儿	休息	不	常	在	离

我家_________公园_________, _________公园很近。_________的时候, 我_________去_________玩儿。我家_________有商店、百货大楼、书店, 我_________去_________买东西。公园_________有一个学校, 我弟弟就_________个学校学习。超市_________是酒吧。我_________常去那个酒吧。

3 제시된 문장을 정반의문문으로 고쳐 써 보세요.

(1) 他爸爸在商店工作。

→ _______________________________________

(2) 那个商店离他家很近。

→ _______________________________________

(3) 他爸爸早上七点半去工作 。

→ _______________________________________

(4) 他爸爸下午五点半回家。

→ _______________________________________

4 괄호 안에 제시된 단어 중 알맞은 것을 골라 빈칸을 채워 보세요.

(1) 他_______________银行职员。(在 | 有 | 是 | 去)

(2) 今天我们_______________去公园看花儿。(常 | 有 | 在 | 一起)

(3) 他们在_______________打球。(去 | 那儿 | 哪儿)

(4) 中国银行_______________在我们学校旁边。(就 | 常 | 有 | 看)

(5) 你_______________前走，那个大楼一层就是超市。(就 | 往 | 去 | 那儿)

5 상황에 맞게 대화를 완성하세요.

(1) A 请问_______________________？

B 银行就在那个书店旁边。

(2) A 你们学校_______________________？ (离家)

B 很远。

A _______________________？

B 我坐车去。

(3) **A** 你＿＿＿＿＿＿＿＿＿＿＿＿＿＿＿＿＿？ (上网)

     B 常常上网。

     A ＿＿＿＿＿＿＿＿＿＿＿＿＿＿＿＿？

     B 在宿舍。

6 제시된 한어병음에 알맞은 문장을 한자로 써 보세요.

(1) Cāochǎng zài jiàoshì dōngbian.

   → ＿＿＿＿＿＿＿＿＿＿＿＿＿＿＿＿＿＿＿＿

(2) Shéi zài pángbiān de fángjiān tīng yīnyuè?

   → ＿＿＿＿＿＿＿＿＿＿＿＿＿＿＿＿＿＿＿＿

(3) Tā cháng qù yóujú zuò shénme?

   → ＿＿＿＿＿＿＿＿＿＿＿＿＿＿＿＿＿＿＿＿

7 ‘忄’이 부수로 포함된 한자를 사용해 빈칸을 채워 보세요.

nín   xǐ   zěn

(1) ＿＿＿早   (2) 休＿＿＿   (3) ＿＿＿么

8 제시된 상황에 맞춰 대화해 보세요.

> **| 상황 |** 和同学设计(shèjì, 구성하다)一段对话(duìhuà, 대화)，
> 询问操场、食堂、超市、书店等地方在哪儿。
> 반 친구와 운동장, 식당, 슈퍼마켓, 서점 등이 어디에 있는지 묻는 대화를 구성해 보세요.

생각해 봅시다

한쪽에 ‘很’의 절반이 있고, 한쪽에 ‘住’의 절반이 있습니다. 이 글자는 무엇일까요?

＿＿＿＿＿＿＿＿＿＿＿＿＿＿＿＿＿＿＿＿＿＿＿＿＿＿

11 我要买橘子

나는 귤을 사려고 합니다

1 제시된 표현을 이용해 문장 속 빈칸을 채워 보세요.

要 + 多少 　　几斤 / 几瓶 / …… 　　苹果 　　喝可乐	**还** + 喝 / 吃 / …… 　　去 / 来 / …… 　　看 / 听 / …… 　　要	**别的** + 东西 　　　地方 　　　老师 　　　语言
一 + **种** 这 那 很多	很 + **多** 不 **多** + 了一块钱 　　好啊	

＊ 제시된 표현을 여러 번 읽어 보세요.

(1) ＿＿＿＿＿＿＿＿＿＿橘子很好，你尝尝。

(2) 上午我们打球，下午＿＿＿＿＿＿＿＿打吗？

(3) 我不＿＿＿＿＿＿＿＿韩语书，我＿＿＿＿＿＿＿＿汉语书。

(4) 你昨天发电子邮件了，今天＿＿＿＿＿＿＿＿发吗？

(5) 明天你们去天安门，＿＿＿＿＿＿＿＿去＿＿＿＿＿＿＿＿吗？

(6) 茶(chá, 차)有＿＿＿＿＿＿＿＿，我不知道你要哪种。

2 상황에 맞게 대화를 완성하세요.

(1) **A** 您＿＿＿＿＿＿＿＿＿＿＿＿＿＿＿＿＿＿？ (买)

　　B 有可乐吗？

　　A 有，要＿＿＿＿＿＿＿＿＿＿＿＿＿＿＿＿? (几)

　　B 一瓶。

(2) **A** 这种橘子________________________________? (斤)

　　B ________________________。(6.30元)

　　　________________________? (几)

　　A 两斤。

(3) **A** 小王，________________________?

　　B 就在学校旁边。

　　A 那个商店的花儿________________? (吗)

　　B 不太多。

　　A ________________?

　　B 很便宜。

(4) **A** 您________________________? (要)

　　B 香蕉(xiāngjiāo, 바나나) ________________?

　　A ________________。(10元)

　　B 太________________! 不要了。

3 동사 중첩 형식을 이용해 대화를 완성해 보세요.

(1) 你________________，这音乐很好听。

(2) 你太累了，________________吧。

(3) 你是北京人，给我们________________北京，好吗?

(4) 我也不认识这个字，明天________________老师吧。

(5) 这个星期天，我们去颐和园________________吧。

(6) 你________________，这是我做的中国菜(cài, 요리)。

(7) 你________________大卫，明天他去不去长城。

(8) 玛丽，你来________________，这是什么?

4 다음 문장에서 틀린 부분을 고쳐 써 보세요.

(1) 他没结婚了。

→ ____

(2) 我昨天没忙了，今天忙。

→ ____

(3) 他工作在银行，是职员。

→ ____

(4) 我吃早饭在家七点一刻。

→ ____

(5) 他睡觉十一点半常常晚上。

→ ____

(6) 一斤多少钱橘子？

→ ____

(7) 要两瓶可乐，不别的了。

→ ____

(8) 他买两苹果。

→ ____

5 제시된 한어병음에 알맞은 한자를 써 보세요.

(1) zuò qìchē ________________   (2) mǎi dōngxi ________________

(3) chī píngguǒ ________________   (4) hē shuǐ ________________

(5) tīng lùyīn ________________   (6) qù yínháng ________________

6 앞뒤 내용에 맞게 빈칸에 알맞은 한자를 써 보세요.

离我家不远有一个书__________。那个书__________的__________很多。我常常一__________人去买__________。有时候也和朋__________一起去。我在书__________认__________了一个人，他就在书__________工作。他给我介__________了很多好__________。我认__________这个朋__________很高兴。

7 '贝' 또는 '夕'가 부수로 포함된 한자를 사용해 빈칸을 채워 보세요.

(1) huòyuán
售__________

(2) guì
很__________

(3) míng
__________字

(4) duō
不__________

(5) suì
十__________

8 제시된 상황에 맞춰 대화해 보세요.

> | 상황 |　你和大卫一起去水果店买水果，你们问老板水果的价格。
> 데이비드와 함께 과일 가게에 가서 과일을 삽니다. 주인에게 과일의 가격을 물어 보세요.

생각해 봅시다

'亻'이 부수로 포함된 한자를 몇 개나 쓸 수 있나요? (예시: 你, 工作, 邮件 등)

__________　__________　__________　__________　__________

12 我想买毛衣
나는 스웨터를 사고 싶습니다

1 제시된 표현을 여러 번 읽어 보세요.

一 + **天** 冷 **天** + 冷了	**想** + 妈妈 家 回家 休息	一 + **件** + 衣服 两　　　上衣 一　　　事(shì, 일)
忙 + **极了** 累 高兴 贵	**再** + 想想 吃点儿 来	很 + **少** 不 **少** + 了一块钱 喝点儿

2 제시된 단어의 한어병음을 쓰고, 반의어끼리 연결하세요.

(1) 小　　(　　　　　) ·　　　　· 坏　(　　　　　)

(2) 少　　(　　　　　) ·　　　　· 贵　(　　　　　)

(3) 长　　(　　　　　) ·　　　　· 短　(　　　　　)

(4) 便宜　(　　　　　) ·　　　　· 多　(　　　　　)

(5) 好　　(　　hǎo　) ·　　　　· 大　(　　　　　)

3 제시된 단어를 사용해 문장 속 빈칸을 채워 보세요.

| 보기 |　什么　　怎么　　怎么样　　哪儿　　谁　　几　　多少

(1) 他们学校有＿＿＿＿＿＿＿＿学生?

(2) 他的名字＿＿＿＿＿＿＿＿写?

(3) 他们都在＿＿＿＿＿＿＿＿上课?

(4) 他有______________个美国朋友?

(5) 他爸爸、妈妈的身体______________?

(6) 你爸爸做______________工作?

(7) ______________是你们的老师?

 빈칸에 알맞은 동사를 써 보세요.

(1) ________ 衣服　(2) ________ 饮料　(3) ________ 微信　(4) ________ 生词

(5) ________ 宿舍　(6) ________ 东西　(7) ________ 饭　(8) ________ 电影

(9) ________ 汉语　⑽ ________ 汽车

 상황에 맞게 대화를 완성하세요.

(1) A 你要喝______________? (饮料)

　　B 要。

　　A ______________? (什么)

　　B 可口可乐。

(2) A ______________? (哪儿)

　　B 去手机商店买手机。

　　A 你没有手机吗?

　　B 我的手机不好,______________好的。(想)

(3) A 上课的时候可不可以发微信?

　　B ______________, 你下课的时候发吧。(不)

(4) A 你现在上网吗?

　　B ______________, 我很累, 我想休息一下儿。

6 보기와 같이 '不……不……' 표현을 사용해 문장을 완성하세요.

> | 보기 | 这个教室**不**大也**不**小。

(1) 那件衣服________________________。

(2) 那个商店的东西________________________。

(3) 我的钱买电脑________________________。

(4) 他家离学校________________________。

7 앞뒤 내용에 맞게 빈칸에 알맞은 한자를 써 보세요.

　　　　我来哈尔滨(Hā'ěrbīn, 하얼빈)四天了。这儿天太________________了。我的衣________很少，所以昨________去买了一________大衣，今________就________在身上了。

　　　　我住________宾馆(bīnguǎn, 호텔)，上午、下午工________很忙，很________，晚上回宾馆就想睡________。

8 '忄' 또는 '阝'가 부수로 포함된 한자를 사용해 빈칸을 채워 보세요.

	jī		lóu		xiào		jú
(1) 手________		(2) 大________		(3) 学________		(4) ________子	

	yàng		jí		dōu		yóu
(5) 怎么________		(6) 好________了		(7) ________来		(8) ________局	

9 제시된 상황에 맞춰 대화해 보세요.

> | 상황 | 你和同学设计一段买衣服的对话。
> 반 친구와 함께 옷을 사는 대화를 구성해 보세요.

要换车

차를 갈아타야 합니다

1 제시된 표현을 여러 번 읽어 보세요.

刷 + 卡 　　手机 　　牙(yá, 치아)	**换** + 车 　　衣服 　　鞋 　　几号线	**到** + 北京了 　　站 　　上课的时间 收 + **到** + 微信
一 + **张** + 票 两　　　地图 一　　　床	**会** + 说汉语 　　做饭 　　写生词 不 + **会** + 来	买 + **一点儿** + 东西 喝　　　　　可乐 要便宜　　　的 懂　　　　　汉语

2 빈칸에 알맞은 단어를 고르세요.

⑴ 他今年28＿＿＿＿＿＿＿了。(**A** 年 ｜ **B** 岁)

⑵ 现在＿＿＿＿＿＿＿。(**A** 二点十五分 ｜ **B** 两点一刻)

⑶ 我买两＿＿＿＿＿＿＿电影票。(**A** 张 ｜ **B** 个)

⑷ 他给我一＿＿＿＿＿＿＿书。(**A** 个 ｜ **B** 本)

⑸ 他有一＿＿＿＿＿＿＿中国地图。(**A** 张 ｜ **B** 个)

3 제시된 단어를 어순에 맞게 배열해 문장을 완성하세요. (단어 두 번 사용 가능)

⑴ 他　汉语　说　会　了　一点儿

→ ＿＿＿＿＿＿＿＿＿＿＿＿＿＿＿＿＿＿＿＿＿

⑵ 现在　不　十点　半　了　来　会　他

→ ＿＿＿＿＿＿＿＿＿＿＿＿＿＿＿＿＿＿＿＿＿

(3) 姐姐　妹妹　地图　本子　张　一　个　给

　　→ ____

(4) 去　换　天安门　要　吗　车

　　→ ____

4 상황에 맞게 대화를 완성하세요.

(1) **A** ___________________________________? (做饭)

　　B 我会做。

　　A ___________________________________? (中国菜)

　　B 不会，我会做日本菜，星期六晚上请你来我家尝尝。

　　A ___________________________!

(2) **A** 你要___________________? (什么)

　　B 我要喝可口可乐。

　　A ___________________________? (别的)

　　B 不要了。

(3) **A** 你朋友___________________? (几)

　　B 八点来。

　　A 现在八点十分了，她___________________________? (会)

　　B 会，路上车很多，可能(kěnéng, 아마)晚一点儿。

(4) **A** 今天晚上___________________________, 好吗? (电影)

　　B 好，中国电影吗?

　　A 不是。

　　B ___________________________________? (哪)

　　A 法国的。

　　B 好，我们___________________________。(一起)

5 다음 문장에서 틀린 부분을 고쳐 써 보세요.

(1) 我会说汉语一点儿。

→ ______________________________

(2) 他是日本人的留学生。

→ ______________________________

(3) 我说汉语不会。

→ ______________________________

(4) 他一本书给我。

→ ______________________________

(5) 都他们三人是很忙。

→ ______________________________

6 제시된 한어병음에 알맞은 한자를 써 보세요.

(1) dǒng Yīngyǔ　　______________________________

(2) nǎ guó diànyǐng　　______________________________

(3) shuā kǎ　　______________________________

(4) méi dào zhàn　　______________________________

　　我和大卫都＿＿＿＿＿去颐和园(Yíhé Yuán, 이허위안)玩儿，可是(kěshì, 그러나)我们两＿＿＿＿＿人都不知＿＿＿＿＿怎＿＿＿＿＿去。问刘京，刘京＿＿＿＿＿：“颐和园＿＿＿＿＿这儿很近，在学＿＿＿＿＿门口(ménkǒu, 입구)坐＿＿＿＿＿西去的690 路汽车就可以到颐和园的东门。”明天是＿＿＿＿＿期六，我们＿＿＿＿＿课，我和大卫明天＿＿＿＿＿完早饭以后(yǐhòu, 이후)就＿＿＿＿＿颐和园玩儿。

8 ‘扌’가 부수로 포함된 한자를 사용해 빈칸을 채워 보세요.

dǎ	tóu	huàn	zhǎo
(1) ＿＿＿＿＿球	(2) ＿＿＿＿＿币	(3) ＿＿＿＿＿钱	(4) ＿＿＿＿＿人

9 제시된 상황에 맞춰 대화해 보세요.

| 상황 | 你和同学要去公园玩儿，但不知道怎么买票、怎么去，你们设计一段买票、问路的对话。
반 친구와 공원에 놀러 가려고 하는데, 어떻게 표를 사고 어떻게 가야 할지 모릅니다.
표를 구매하고, 길을 묻는 대화를 구성해 보세요.

생각해 봅시다

각 그룹의 한자에서 모양이 다른 부분을 찾아보고, 발음을 한어병음으로 써 보세요.

(1) 员＿＿＿＿＿　货＿＿＿＿＿　贵＿＿＿＿＿　　(2) 问＿＿＿＿＿　间＿＿＿＿＿

(3) 远＿＿＿＿＿　近＿＿＿＿＿　道＿＿＿＿＿　　(4) 我＿＿＿＿＿　找＿＿＿＿＿

14 我要去换钱

나는 환전하러 가려고 합니다

1 제시된 표현을 여러 번 읽어 보세요.

家 + **里** 书 房间 电话	**带** + 东西 卡 你去 给他	有 + **时间** 没 **时间** + 不早了 不多
花 + 时间 钱	**这样** + 做 写 念	**等** + 我 你 我 + **等** + 你 在房间 + **等**

2 제시된 단어에 알맞은 한어병음을 쓰고, 문장 속 빈칸을 제시 단어로 채워 보세요.

> 想 (   )   会 (   )   能 (   )   要 (   )   可以 (   )

(1) 大夫说他身体不好，不＿＿＿＿＿＿走很远的路。

(2) 你＿＿＿＿＿＿汉语，请你看看，这信里说了什么。

(3) 我看看你的本子，＿＿＿＿＿＿吗？

(4) 你＿＿＿＿＿＿喝可乐吗？

(5) A 你去那个商店，你＿＿＿＿＿＿买什么？

　　 B 听说那个商店很大，东西很多，我＿＿＿＿＿＿去看看。

(6) A 下课的时候＿＿＿＿＿＿不＿＿＿＿＿＿在教室里吸烟(xī yān, 담배를 피우다)？

　　 B 我＿＿＿＿＿＿不＿＿＿＿＿＿。

(1) A ＿＿＿＿＿＿＿＿＿＿＿＿，请你在这儿等等，我回去拿(ná, 잡다, 가지다)。(带　手机)

　　 B ＿＿＿＿＿＿＿＿＿！我等你。(快)

(2) A 昨天你去商店了没有？

　　 B ＿＿＿＿＿＿＿＿＿。(去)

　　 A ＿＿＿＿＿＿＿＿＿？(买)

　　 B 没买东西。

(3) A 小明的＿＿＿＿＿＿＿，你知道吗？(手机号码)

　　 B 知道，我＿＿＿＿＿＿＿。(手机　有)

(4) A 你的中国名字＿＿＿＿＿＿＿？(怎么)

　　 B 这样写。

4 괄호 안의 단어가 들어갈 알맞은 위치를 고르세요.

(1) 你 **A** 西走，**B** 到80号就是 **C** 小王的家 **D**。(往)

(2) 我昨天 **A** 去商店了 **B**，**C** 买东西。(没)

(3) 你 **A** 等等，**B** 他 **C** 很快 **D** 来。(就)

(4) 我昨天 **A** 不忙 **B**，今天 **C** 忙 **D**。(了)

(5) 去年(qùnián, 작년)来的时候 **A** 想家 **B**，现在 **C** 不想 **D**。(了)

5 제시된 동사에 알맞은 목적어를 써 보세요.

(1) 坐 ＿＿＿＿＿　　(2) 听 ＿＿＿＿＿　　(3) 写 ＿＿＿＿＿　　(4) 发 ＿＿＿＿＿

(5) 做 ＿＿＿＿＿　　(6) 起 ＿＿＿＿＿　　(7) 穿 ＿＿＿＿＿　　(8) 找 ＿＿＿＿＿

(9) 喝 ＿＿＿＿＿　　(10) 说 ＿＿＿＿＿

6 앞뒤 내용에 맞게 빈칸에 알맞은 한자를 써 보세요.

我的人民币都＿＿＿＿＿＿＿＿＿＿了，我要去银行换＿＿＿＿＿＿＿＿＿＿。
玛丽说："＿＿＿＿＿＿＿＿＿＿是星期日，＿＿＿＿＿＿＿＿＿＿休息，我这儿有＿＿＿＿＿＿＿＿＿＿，
你要多少？" 我说："五百块。" 玛丽说："给＿＿＿＿＿＿＿＿＿＿。" 我说："谢谢，
＿＿＿＿＿＿＿＿＿＿换了人民币我还(huán, 돌려주다)＿＿＿＿＿＿＿＿＿＿。"

7 다음 문장에서 틀린 부분을 고쳐 써 보세요.

(1) 明天我没去公园。

　　→ ＿＿＿＿＿＿＿＿＿＿＿＿＿＿＿＿＿＿＿＿＿＿＿＿＿＿＿＿＿＿＿＿

(2) 昨天他没来上课了。

　　→ ＿＿＿＿＿＿＿＿＿＿＿＿＿＿＿＿＿＿＿＿＿＿＿＿＿＿＿＿＿＿＿＿

(3) 和子常常做日本菜了。

　　→ ＿＿＿＿＿＿＿＿＿＿＿＿＿＿＿＿＿＿＿＿＿＿＿＿＿＿＿＿＿＿＿＿

(4) 昨天我不来了。

　　→ ＿＿＿＿＿＿＿＿＿＿＿＿＿＿＿＿＿＿＿＿＿＿＿＿＿＿＿＿＿＿＿＿

8 '攵' 또는 '钅'이 부수로 포함된 한자를 사용해 빈칸을 채워 보세요.

	jiào		zuò		shǔ　shù
(1)	＿＿＿室	(2)	＿＿＿饭	(3)	＿＿＿＿

	qián		yín
(4) 换＿＿＿		(5) ＿＿＿行	

| 상황 | 你和同学设计一段关于在银行换钱的对话。
반 친구와 함께 은행에 가서 환전하는 대화를 구성해 보세요.

생각해 봅시다

각 그룹의 한자에서 모양이 다른 부분을 찾아보고, 제시된 한자가 포함된 단어를 써 보세요.

(1) 几 儿＿＿＿＿＿＿＿＿＿ 　　　(2) 个 介＿＿＿＿＿＿＿＿＿

(3) 休＿＿＿＿＿＿＿＿＿体 　(4) 太 大＿＿＿＿＿＿ ＿＿＿＿＿天

15 我要照张相

나는 사진을 찍으려고 합니다

1 제시된 표현을 여러 번 읽어 보세요.

买 + **到** 找 学 回	**挑** + 衣服 两本书 几朵花儿	**关** + 机 电视 电脑 上
没 + **照相** 给你 **照一张相**	吃 + **完** 喝 做 写	

2 제시된 단어에 알맞은 한어병음을 쓰고, 문장 속 빈칸을 제시 단어로 채워 보세요.

对(　　　　) 完(　　　　) 通(　　　　) 到(　　　　) 懂(　　　　)

(1) 我找＿＿＿＿＿那本书了。

(2) 你说＿＿＿＿＿了，她今天真的没来上课。

(3) 请你再说一遍，我没听＿＿＿＿＿。

(4) 那瓶酒他喝＿＿＿＿＿了。

(5) 我给他打电话没打＿＿＿＿＿。

(1) 好看　这　真　种　鲜花儿

→ ____

(2) 我　妈妈　电话　给　打　了

→ ____

(3) 这　本子　个　不　好　吗　换　一下儿　能

→ ____

(4) 你　请　我　电话费　交　帮　一下儿

→ ____

4 상황에 맞게 대화를 완성하세요.

(1) A ______________________________? (谁　衣服)

B 是我妹妹的。

A 真好看, ______________________? (吗)

B 我不能穿，太小了。

(2) A ______________________________? (手机　吗)

B 不是我的，是大卫新买的。

A 这个______________________? (怎么样)

B 我不知道，大卫说很不错。

(3) A 昨天买的苹果我吃完了，你呢?

B 还______________________, 还有一个。

⑷ A 听说你工作______________________。(极了)

　 B 对，晚上常常工作______________________。(到)

　 A 你身体______________________？(怎么样)

　 B ______________________。(不错)

　 A 要多休息啊。

　 B ______________________！

 다음 대화에 제시된 한어병음에 알맞은 문장을 한자로 써 보세요.

⑴ A Wǒ lèi le, xiǎng qù nàr zuòzuo.

→ ______________________________________

⑵ B Děng yi děng, zhèr de huār hěn hǎokàn,
　　　 nǐ gěi wǒ zhào zhāng xiàng, hǎo ma?

→ ______________________________________

____

⑶ A Hǎo, zhàowánle zài qù.

→ ______________________________________

 앞뒤 내용에 맞게 빈칸에 알맞은 한자를 써 보세요.

　　今晚我们学校________电影，中午我想给玛丽打________，请________
来我们________看________。可是我的________怎么没有了？ 没有
________怎么打________？ 这时候，小王叫我："小李，小李，你的
________我找________了，在教室里。" 我听了，高兴地说："太好了，谢谢
你!"

7 '纟' 또는 '人'이 부수로 포함된 한자를 사용해 빈칸을 채워 보세요.

	shào	jié	jì	jīn
(1) 介______	(2) ______婚	(3) ______念	(4) ______天

	ge	huì	niàn	ná
(5) 一______	(6) ______来	(7) 纪______	(8) ______来

8 제시된 상황에 맞춰 소개해 보세요.

> | 상황 | 你喜欢照相吗? 你一般什么时候照相? 说说和照相有关的一件事。
> 사진 찍는 걸 좋아하나요? 보통 어떤 때 사진을 찍나요?
> 사진과 관련된 일을 하나 소개해 보세요.

생각해 봅시다

'一纟有一口一手'가 의미하는 글자는 무엇일까요?

16 你看过京剧吗?

당신은 경극을 본 적이 있습니까?

1 제시된 표현을 여러 번 읽어 보세요.

吃 + **过** 去 没见 没来	**演** + 京剧 电影 什么	工作 + **以后** 休息 来中国 收到微信
告诉 + 他 　　　过我 没 + **告诉** + 别人 不　　　　　他	**名** + 酒 茶 人 校	

2 제시된 단어에 알맞은 한어병음을 쓰고, 문장 속 빈칸을 제시 단어로 채워 보세요.

应该(　　　　　) 行(　　　　) 过(　　　　) 了(　　　　　)
当然(　　　　　) 想(　　　　) 会(　　　　)

(1) **A** 你想去长城吗?

　　 B ＿＿＿＿＿＿＿＿想。

(2) **A** 学过的词你都会念吗?

　　 B ＿＿＿＿＿＿＿＿会吧。

(3) **A** 这种茶你喝＿＿＿＿＿＿＿＿没有?

　　 B 没喝＿＿＿＿＿＿＿＿, 听说不太好喝。

(4) **A** 昨天我去看电影＿＿＿＿＿＿＿＿, 你去看＿＿＿＿＿＿＿＿没有?

　　 B 没去看, 我在上海看＿＿＿＿＿＿＿＿。

(5) **A** 上课的时候睡觉, ＿＿＿＿＿＿＿＿吗?

　　 B 我＿＿＿＿＿＿＿＿不＿＿＿＿＿＿＿＿。

(6) **A** 小王去哪儿了？

    B 现在是吃饭时间，他＿＿＿＿＿＿＿＿＿在食堂吧。

    A 我找＿＿＿＿＿＿＿了，他不在。

    B ＿＿＿＿＿＿＿不＿＿＿＿＿＿＿吃完饭回宿舍了？

    A 我去看看。

3 상황에 맞게 문장을 완성하세요.

(1) 听说上海很不错，我还＿＿＿＿＿＿＿＿＿＿＿＿。

(2) 我不懂法语，我没＿＿＿＿＿＿＿。

(3) 我去那个饭店吃＿＿＿＿＿＿＿，我知道那儿的饭菜很好吃，
价钱也＿＿＿＿＿＿＿。

(4) 我没＿＿＿＿＿＿＿＿＿＿＿＿，不知道那个地方好不好。

(5) 九点了，他还＿＿＿＿＿＿＿，昨天晚上他没睡觉吗？

4 상황에 맞게 대화를 완성하세요.

(1) **A** 小王，快来，＿＿＿＿＿＿＿＿＿＿＿＿！(有　找)

    B 知道了，谢谢。

(2) **A** 我们的英国朋友回国了，你知道吗？

    B 不知道，＿＿＿＿＿＿＿＿＿＿。(没　告诉)

(3) **A** 我写给你的电子邮件＿＿＿＿＿＿＿＿＿？ (收到)

    B 没有。

(4) **A** 我们想请王老师给我们＿＿＿＿＿＿＿＿＿＿。(介绍　京剧)

    B 好，我问问他＿＿＿＿＿＿＿＿＿＿。(有　时间)

    A 你问了以后＿＿＿＿＿＿＿＿＿＿。(给　打电话)

5 다음 문장에서 틀린 부분을 고쳐 써 보세요.

(1) 你学过了汉语没有?

→ ____

(2) 我不吃过烤鸭。

→ ____

(3) 他常常去过留学生宿舍。

→ ____

(4) 你看电视过了没有?

→ ____

(5) 他还没结婚过呢!

→ ____

6 제시된 한어병음에 알맞은 문장을 한자로 써 보세요.

(1) Gěi péngyou zhǎo gōngzuò.

→ ____

(2) Yǒu rén qǐng nǐ jièshào yíxiàr Shànghǎi.

→ ____

(3) Zhè jiàn shì néng gàosu tā ma?

→ ____

7 앞뒤 내용에 맞게 빈칸에 알맞은 한자를 써 보세요.

　　　　我在＿＿＿＿＿前边等朋友，一个外国留学生＿＿＿＿＿：“请问，美国
留学生大卫住在八号楼哪个房间？” 我＿＿＿＿＿：“我也不＿＿＿＿＿，我不
＿＿＿＿＿八号楼，你进去问问宿舍的服务员(fúwùyuán, 직원)，她＿＿＿＿＿。”
这个留学生听了就＿＿＿＿＿：“谢谢!” 她就进八号楼了。

8 'ⅰ' 또는 'ⅰ'이 부수로 포함된 한자를 사용해 빈칸을 채워 보세요.

	jiǔ		Hàn		méi		yǎn
(1)	＿＿＿吧	(2)	＿＿＿语	(3)	＿＿＿有	(4)	＿＿＿京剧

	dì		chǎng		kuài
(5)	＿＿＿图	(6)	操＿＿＿	(7)	一＿＿＿钱

9 제시된 상황에 맞춰 소개해 보세요.

| 상황 | 你吃过什么有名的中国菜(Zhōngguócài, 중국요리)?
어떤 유명한 중국요리를 먹어 봤나요?

생각해 봅시다

다음 문장이 의미하는 글자는 무엇일까요?

“上下”在一起，少了一个“一”。＿＿＿＿＿＿＿＿＿＿＿＿＿＿＿

17 去动物园

동물원에 갑니다

1 제시된 표현을 여러 번 읽어 보세요.

上 + 个星期 　　(个)月 楼 + **上** 车	**下** + 个星期 　　(个)月 楼 + **下**	**接** + 朋友 电话 球
一 + **条** + 路 一　　　船 一　　　裤子 (kùzi, 바지)	**最** + 好 长 便宜 好看	

2 빈칸에 알맞은 동사를 써 보세요.

(1) ________ 自行车　(2) ________ 朋友　(3) ________ 地铁　(4) ________ 电话

(5) ________ 熊猫　(6) ________ 船　(7) ________ 价钱　(8) ________ 东西

3 '来' 또는 '去'를 사용해 빈칸을 채워 보세요.

(1) A 玛丽在楼上，我去叫她下________玩儿。

　　 B 我跟你一起上________叫她吧。

(2) A 王兰在这儿吗?

　　 B 不在，她在楼下，你下________找她吧。

(3) A 十二点了，你们在这儿吃饭吧!

　　 B 不，我们回________吃，谢谢!

(4) A 九点了，你哥哥怎么还不回________?

　　 B 你看，我哥哥回________了。

(5)　**A**　打球还少一个人，大卫呢?

　　　B　在宿舍里，你进________叫他来。

　　　A　他的宿舍就在操场旁边，你在这儿叫他就行。

　　　B　大卫，快出________打球!

4　'还是'를 사용해 질문해 보세요.

(1)　**A**　____?

　　　B　不喝可乐，我喝咖啡。

(2)　**A**　____?

　　　B　上海和香港(Xiānggǎng, 홍콩)我都想去。

(3)　**A**　____?

　　　B　我要买橘子，不买苹果。

(4)　**A**　____?

　　　B　这个星期天我不去公园，我想去动物园。

(5)　**A**　____?

　　　B　我不坐汽车，也不坐地铁，我想骑自行车去。

5　빈칸을 채운 후, '怎么样', '谁', '什么时候', '还是'를 사용해 의문문으로 바꿔 보세요.

　　　⁽¹⁾听说《我的姐姐》这________电影很________，⁽²⁾我和王兰都________去看。⁽³⁾王兰________:"我知道这________电影在哪儿________，明天我们________去。"我________:"怎么去?"她________:"我________自行车去。"我说:"我没有自行车。"⁽⁴⁾王兰________:"那我们________坐公交车去吧。"

(1)　→　____

(2)　→　____

(3) → ____

(4) → ____

6 문장에서 말하는 사람이 있는 장소를 연결해 보세요.

(1) 你们进来喝茶。　　　　　·

(2) 刘京快下来玩儿!　　　　·　　　　　· 里边

(3) 我们上去找他，好吗?　　·　　　　　· 上边

(4) 快出来欢迎，朋友们都来了。·　　　　· 外边

(5) 我想下去走走，你呢?　　·　　　　　· 下边

(6) 外边很冷，我们快进去吧。·

7 '口'가 부수로 포함된 한자를 사용해 빈칸을 채워 보세요.

　　　　huí　　　　　　　yuán　　　　　　guó　　　　　　　tú
(1) ________家　　(2) 公________　　(3) 中________　　(4) 地________

8 제시된 상황에 맞춰 소개해 보세요.

> | 상황 |　你去哪儿旅游过?
> 어디를 여행한 적이 있나요?

'大口吃进一块钱'이 의미하는 글자는 무엇일까요?

____

18 路上辛苦了

오시느라 고생하셨습니다

1 제시된 표현을 이용해 문장 속 빈칸을 채워 보세요.

从 + 美国来 　　这儿坐公交车去 　　北京到上海 　　八点到十点	**先** + 走了 　　看看，再买 　　洗手，再吃饭	**辛苦** + 了 　　　你了 工作很 + **辛苦**
坐 + **一会儿** 休息 等 **一会儿** + 我就来	大学 + **毕业** 中学 **毕了业**就(工作)	**开** + 车 　　商店 　　门(mén, 문) 火车 + **开** + 了

* 제시된 표현을 여러 번 읽어 보세요.

(1) 你走累了，就在这儿＿＿＿＿＿＿＿＿＿＿吧。

(2) 我去年＿＿＿＿＿＿＿＿＿＿进这家公司工作了。

(3) 他很忙，现在有个电话要接，请你＿＿＿＿＿＿＿＿＿＿好吗？

(4) **A** 明天怎么去北海公园？

　　B 我哥哥会＿＿＿＿＿＿＿＿＿，我们坐他的车去。

2 '要……了', '快要……了', '就要……了' 중에서 알맞은 표현을 골라 문장을 완성하세요.

(1) ＿＿＿＿＿＿＿＿＿＿，我想下个月开始找工作。

(2) ＿＿＿＿＿＿＿＿＿＿，我们快上车吧。

(3) ＿＿＿＿＿＿＿＿＿(到　北京)，我下飞机以后，先给朋友打个电话。

(4) 大卫＿＿＿＿＿＿＿＿＿，我们等他一下儿。

(5) 饭＿＿＿＿＿＿＿＿＿，你们就在我家吃饭吧。

3 상황에 맞게 대화를 완성하세요.

(1) A 小王，你不能喝酒。

B ＿＿＿＿＿＿＿＿＿＿＿？

A 一会儿你还要＿＿＿＿＿＿＿＿呢！

B 我的车，我弟弟＿＿＿＿＿＿＿＿。(开走)

A 那你＿＿＿＿＿＿＿＿＿？

B 我坐出租车回去。

(2) A ＿＿＿＿＿＿＿＿＿＿＿＿＿？ (什么酒)

B 我不喝酒。

A ＿＿＿＿＿＿＿＿＿？

B 今天我开车。

A 好吧，你不喝，我也不喝了。

4 제시된 동사에 알맞은 목적어를 써 보세요.

(1) 吃＿＿＿＿＿　＿＿＿＿＿　＿＿＿＿＿

(2) 喝＿＿＿＿＿　＿＿＿＿＿　＿＿＿＿＿

(3) 看＿＿＿＿＿　＿＿＿＿＿　＿＿＿＿＿

(4) 坐＿＿＿＿＿　＿＿＿＿＿　＿＿＿＿＿

5 빈칸을 채운 후, 문장을 '是……的'와 괄호 안의 표현을 사용해 의문문으로 바꿔 보세요.

　　(1) 我去年二月＿＿＿＿＿美国来中国。(2) 在飞机上，我＿＿＿＿＿大卫就认识了。他就坐＿＿＿＿＿我旁边。飞机＿＿＿＿＿北京以后，我们很快就＿＿＿＿＿了。(3) 还没有走出机场，就有学校＿＿＿＿＿人来接＿＿＿＿＿，(4)他们在出租车上告诉了我们住的房间号。

(1) → ＿＿＿＿＿＿＿＿＿＿＿＿＿＿＿＿＿？ (时候)

(2) → ＿＿＿＿＿＿＿＿＿＿＿＿＿＿＿＿？ (哪儿　认识)

(3) → ____? (谁　接)

(4) → ____? (怎么来)

6 '刂' 또는 '亻'가 부수로 포함된 한자를 사용해 빈칸을 채워 보세요.

| huá | dào | kè | jù |

(1) _________船　(2) _________北京　(3) 两点一_________　(4) 京_________

| hěn | háng | wǎng |

(5) _________多　(6) 银_________　(7) _________前走

7 제시된 상황에 맞춰 대화해 보세요.

| 상황 | 设计一段你去机场接朋友的对话。
공항에 가서 친구를 맞이하는 대화를 구성해 보세요.

'行'에는 발음이 2개 있습니다. 두 가지 다른 발음이 쓰인 단어를 쓸 수 있나요?

_________________________________　_________________________________

19 欢迎你

환영합니다

1 제시된 표현을 이용해 문장 속 빈칸을 채워 보세요.

别 + 客气 　　不好意思 　　麻烦别人	**送** + 朋友 　　给他一件衣服 不 + **送** + 了 别　　　了	来北京 + **以前** 吃饭 睡觉 **以前** + 的事
太 + **麻烦** 不 找 **麻烦** + 事儿 　　别人	真 + **不好意思** 太 + **不好意思** + 了	**不用** + 买 　　换车 　　接送 　　翻译

* 제시된 표현을 여러 번 읽어 보세요.

(1) 微信里的意思我都看懂了，你＿＿＿＿＿＿＿＿＿＿了。

(2) 这件事我能做好，别＿＿＿＿＿＿＿＿＿＿。

(3) 你去商店的时候＿＿＿＿＿＿＿＿你帮我买两瓶水来。

(4) 你很忙，还来送我，＿＿＿＿＿＿＿＿＿＿。

(5) 你的本子用完了，我有，给你，你＿＿＿＿＿＿＿＿了。

(6) 我＿＿＿＿＿＿＿来这儿吃过，知道这儿的菜很好吃。

2 상황에 맞게 문장을 완성하세요.

(1) 大卫，快＿＿＿＿＿＿＿＿！ (接电话)

(2) 你这是＿＿＿＿＿＿＿来中国? (第　次)

(3) 那个地方我去过＿＿＿＿＿＿＿，不想再去了。(次)

(4) 你帮我______________________，我打个电话。(拿)

(5) 明天你从我这儿去还是______________________？(朋友)

(6) 昨天我找了____________，他都不在家。(次)

3 제시된 단어를 어순에 맞게 배열해 문장을 완성하세요.

(1) 他　玛丽　来　那儿　从

→ ______________________________________

(2) 我　法语　句　说　会　不　一　也

→ ______________________________________

(3) 他　动物园　多　去　很　次　过

→ ______________________________________

(4) 人　汉语　现在　多　学　的　很

→ ______________________________________

4 상황에 맞게 대화를 완성하세요.

(1) A 这是北京的名菜，请尝尝________！

　　B 很好吃，这种菜以前我______________________。(一……也没……)

(2) A 我给你发的电子邮件，你______________________？(收)

　　B 这两天我忙极了，没时间________。(网)

(3) A 你______________________了，我开车送你去。(坐　公交车)

　　B 真______________________。

(4) **A** 昨天我给你打过三次电话，你＿＿＿＿＿＿＿＿＿＿＿。(接)

    B 我去长城了，没带手机。真对不起(duìbuqǐ, 미안하다)!

(5) **A** 玛丽＿＿＿＿＿吗？

    B 她去楼下超市买水了，很快＿＿＿＿＿＿＿＿＿＿，你请进! (回)

    A 不用了，我在＿＿＿＿＿＿＿＿等＿＿＿＿＿＿吧。(她)

5 제시된 한어병음에 알맞은 문장을 한자로 써 보세요.

(1) Qǐng màn yìdiǎnr shuō, shuōkuàile wǒ bù dǒng.

→ ＿＿＿＿＿＿＿＿＿＿＿＿＿＿＿＿＿＿＿＿＿＿＿＿＿

(2) Fángjiān li tài rè le, wǒ chūqu zǒuzou.

→ ＿＿＿＿＿＿＿＿＿＿＿＿＿＿＿＿＿＿＿＿＿＿＿＿＿

(3) Zhè shì péngyou sòng gěi wǒ de shū.

→ ＿＿＿＿＿＿＿＿＿＿＿＿＿＿＿＿＿＿＿＿＿＿＿＿＿

6 앞뒤 내용에 맞게 빈칸에 알맞은 한자를 써 보세요.

　　小王今天给我打＿＿＿＿＿＿，他＿＿＿＿＿＿：“＿＿＿＿＿＿两点我去你家，还带一个朋友去。” 我＿＿＿＿＿＿：“他是谁？” 他＿＿＿＿＿＿：“到时候你就＿＿＿＿＿＿了。”

　　两点到了，小王来了，真的带来了一个女孩儿，小王给我介绍＿＿＿＿＿＿：“她是我们的小学同学(tóngxué, 반 친구)李丽(Lǐ Lì, 리리[인명])啊!”是李丽啊! 我真不认识了。她变化(biànhuà, 바뀌다)很大，现在是个漂亮(piàoliang, 예쁘다)的姑娘(gūniang, 아가씨)了。

 ’忄’이 부수로 포함된 한자를 사용해 빈칸을 채워 보세요.

          kuài   màn   dǒng   máng

(1) __________ 说   (2) __________ 走   (3) 听__________   (4) 很__________

8 **제시된 상황에 맞춰 대화해 보세요.**

| 상황 | 设计一段你邀请(yāoqǐng, 초대하다)朋友一起吃饭的对话。
친구를 식사에 초대하는 대화를 구성해 보세요.

생각해 봅시다

‘数’에는 발음이 몇 개 있나요?
각각의 발음을 써 보고, 의미를 구별해서 문장을 만들어 보세요.

____

____

20 为我们的友谊干杯!

우리의 우정을 위해 건배합시다!

1 제시된 표현을 여러 번 읽어 보세요.

过 + 来 去 新年 生日	像 + 爸爸 一家人 孩子一样 不 + 像 + 妈妈	一样 + 的生活 两种东西不 + 一样 跟他的书 不 + 一样 + 的价钱
洗 + 衣服 手 干净了	一 + 辆 + 自行车 两　　　汽车 两　　　公共汽车 两　　　出租车	

2 제시된 단어 중 알맞은 개사(介词)를 골라 빈칸을 채워 보세요.

|보기| 从　给　对　跟　离　往　在

⑴ 我＿＿＿＿＿＿朋友们一起去划船。

⑵ 中国银行＿＿＿＿＿＿这儿很近，＿＿＿＿＿＿前走，就在那个大楼一层。

⑶ 他不知道我的电话号码，没＿＿＿＿＿＿我打过电话。

⑷ 明天你＿＿＿＿＿＿家里来还是＿＿＿＿＿＿公司来?

⑸ 你＿＿＿＿＿＿公园旁边的小超市等我，一会儿我就回来。

⑹ 酒喝多了，＿＿＿＿＿＿身体不好。

3 괄호 안의 단어가 들어갈 알맞은 위치를 고르세요.

(1) 我朋友 **A** 车 **B** 开 **C** 很好。(得)

(2) 这是 **A** 日本朋友 **B** 送给 **C** 我 **D** 照片。(的)

(3) 我 **A** 早上 **B** 七点半 **C** 留学生食堂 **D** 吃早饭。(在)

(4) 他 **A** 工作 **B** 的地方 **C** 家 **D** 不太远。(离)

(5) 我 **A** 你 **B** 一起 **C** 去机场 **D** 接朋友。(跟)

(6) 汽车 **A** 别 **B** 前 **C** 开， **D** 前边没有路。(往)

4 '得'를 이용해 상황에 맞게 대화를 완성하세요.

(1) **A** ________________________________? (北京　过)

　　 B 过得很不错。

(2) **A** 你尝尝这个菜做________________________________?

　　 B ________________________________。(好吃)

(3) **A** ________________________________? (今天　起)

　　 B 不，我起得很晚。

(4) **A** 你会不会写汉字?

　　 B 会一点儿。

　　 A ________________________________?

　　 B 写得不太好。

(5) **A** 听说你做中国菜________________________________。

　　 B 哪儿啊，我做得不好。

(6) **A** 听说你英语、汉语说得都不错。

　　 B 英语还可以，汉语________________________________。

(7) **A** 你看，那三个孩子________________________________。(玩儿　高兴)

　　 B 是啊，我想我们小时候也是这样的。

5 다음 문장에서 틀린 부분을 고쳐 써 보세요.

(1) 他说汉语很好。

　　→ ____

(2) 她洗衣服得真干净。

　　→ ____

(3) 他的书我的一样。

　　→ ____

(4) 我会说法语一点儿。

　　→ ____

(5) 他很慢吃饭。

　　→ ____

(6) 他走很快。

　　→ ____

(7) 昨天我不出去了。

　　→ ____

(8) 他想工作在贸易公司。

　　→ ____

(9) 昨天他不翻译完老师说的句子(jùzi, 문장)。

　　→ ____

(10) 我下午不可以去商店。

　　→ ____

(1) Zhè zhāng zài Běijīng zhào de zhàopiàn zhào de zhēn hǎo.

→ ____

(2) Tāmen liǎng ge xiàng jiěmèi yíyàng.

→ ____

7 빈칸에 알맞은 한자를 쓰고, 완성된 글의 내용에 일치하는 문장을 고르세요.

上星期小刘给我介绍的新朋友叫京京。她就__________在我们学校对面 (duìmiàn, 맞은편)的大楼八层，她请__________今天下午两点去她__________玩儿。__________了，小刘还__________来，我就一个人先__________了。到了大楼一层，对面过__________的就是京京，我__________："京京，我来了。" 她看了看我，像不认识__________人一样走了，这时候小刘来__________。我__________小刘："京京怎么不认识我了？" 小刘__________："她不是京京，是京京的妹妹，时间__________了，快上去吧，一会儿我再告诉__________。"

(1) (　　) A "我"认识京京和她的妹妹

　　　　　B "我"不认识京京，认识京京的妹妹

　　　　　C "我"不认识京京的妹妹，认识京京

(2) (　　) A 小刘不知道京京的妹妹，知道"我"

　　　　　B 小刘知道京京，也知道京京有个妹妹

　　　　　C "我"知道京京，也知道京京有个妹妹

8 '心' 또는 '灬'가 부수로 포함된 한자를 사용해 빈칸을 채워 보세요.

	yìsi		nín		gǎn		niàn
(1)	有______	(2)	______好	(3)	______谢	(4)	纪______

	xiǎng		xi		zěn		rán
(5)	______家	(6)	休______	(7)	______么样	(8)	当______

	diǎn		rè		zhào	
(9)	两______	(10)	很______	(11)	______片

9 제시된 상황에 맞춰 대화해 보세요.

> | 상황 | 你和同学设计一段去朋友家做客的对话。
> 반 친구와 함께 친구 집에 방문하는 대화를 구성해 보세요.

다음 문장이 의미하는 글자는 무엇일까요? 이것은 누구일까요?
一个"可"没有脚(jiǎo, 발), 一个"可"有脚, 两个"可"上下在一起。

종합 TEST ①

범위 01~20단원

구성 총 6개 유형 / 60문항

배점 문항당 1~3점 차등 배점

목표 점수

___________________ 점/100점

① 알맞은 병음을 선택하여 괄호 안에 ✓ 표시하세요. (문항당 1점, 총 10점)

(1) 累　**A** léi　　(　　)　　　(2) 差　**A** chà　　(　　)
　　　　 B lèi　　(　　)　　　　　　　 **B** chài　　(　　)

(3) 贵　**A** guī　　(　　)　　　(4) 刻　**A** kě　　(　　)
　　　　 B guì　　(　　)　　　　　　　 **B** kè　　(　　)

(5) 离　**A** lì　　(　　)　　　　(6) 职员　**A** zhīyuán　(　　)
　　　　 B lí　　(　　)　　　　　　　　 **B** zhíyuán　(　　)

(7) 火车 **A** huǒchē　(　　)　　(8) 便宜 **A** piányi　(　　)
　　　　 B huòchē　(　　)　　　　　　 **B** biànyí　(　　)

(9) 请问 **A** qīnwěn　(　　)　　(10) 考试 **A** kǎo shì　(　　)
　　　　 B qǐngwèn　(　　)　　　　　　 **B** kàoshī　(　　)

② 알맞은 동사를 쓰세요. (문항당 1점, 총 10점)

(1) __________自行车　　(2) __________网　　(3) __________电影

(4) __________飞机　　　(5) __________茶　　(6) __________船

(7) __________衣服　　　(8) __________音乐　　(9) __________家

(10) __________钱

3 보기에서 알맞은 단어를 골라 빈칸을 완성하세요. (항목당 1점, 총 20점)

(1) | 보기 | 个　瓶　辆　条　岁　句　次　本　张　件

① 他想给我一＿＿＿＿＿＿汉语书和一＿＿＿＿＿＿中国地图。

② 这＿＿＿＿＿＿人20＿＿＿＿＿＿就大学毕业了。

③ 这＿＿＿＿＿＿路很远，我去叫＿＿＿＿＿＿出租车送你回去吧！

④ 他第一＿＿＿＿＿＿来中国的时候，一＿＿＿＿＿＿汉语也不会说。

⑤ 你去商店，麻烦你给我买两＿＿＿＿＿＿水，好吗？

⑥ 那＿＿＿＿＿＿毛衣太贵了，我不想买。

(2) | 보기 | 给　在　往　从　跟　对　离

① 他不＿＿＿＿＿＿教室，＿＿＿＿＿＿操场打球呢！

② 中国贸易公司＿＿＿＿＿＿这儿很近，＿＿＿＿＿＿前走，就＿＿＿＿＿＿
中国银行旁边。

③ 你＿＿＿＿＿＿我介绍一个会说法语的中国人，好吗？

④ 喝很多酒＿＿＿＿＿＿身体不好。

⑤ 明天我＿＿＿＿＿＿你们一起去长城，你们＿＿＿＿＿＿学校去还是
＿＿＿＿＿＿家里去？

4 괄호 안의 단어가 들어갈 알맞은 위치를 고르세요. (문항당 1점, 총 10점)

(1) 明天 **A** 我 **B** 去商店 **C** 看看，**D** 买东西。（不）

(2) 你 **A** 等等 **B**，他 **C** 很快 **D** 来。（就）

(3) 昨天 **A** 很冷 **B**，今天 **C** 不冷 **D**。（了）

(4) 他 **A** 车 **B** 开 **C** 很 **D** 好。（得）

(5) 他 **A** 晚上 **B** 十二点 **C** 睡觉 **D**。（常常）

(6) 他 **A** 汉语 **B** 说 **C** 好极了 **D**，像中国人一样。（得）

(7) 北京动物园 **A** 我 **B** 去 **C** 过 **D**。（两次）

(8) 昨天晚上 **A** 你 **B** 看电视 **C** 没有 **D**？（了）

(9) 你来 **A** 中国以后，吃 **B** 烤鸭 **C** 没有 **D**？（过）

(10) 你 **A** 买 **B** 火车票以后，**C** 告诉 **D** 我。（到）

5 상황에 맞게 대화를 완성하세요. (문항당 2점, 총 20점)

(1) **A** ____ ?

　　 B 他叫大卫。

(2) **A** ____ ? （哪）

　　 B 他是中国人。

(3) **A** ____ ? （吗）

　　 B 对，他是坐地铁来的。

(4) **A** ____ ? （还是）

　　 B 我不想喝咖啡，我要喝茶。

(5) **A** ______________________________ ? （谁）

　　 B 她是我妹妹。

(6)　A　我明天晚上去酒吧，________________？（呢）

　　　B　我在家看电视。

(7)　A　________________？（什么）

　　　B　他是公司职员。

(8)　A　她日本菜________________？（得）

　　　B　很好吃。

(9)　A　你很喜欢喝酒，________________？（为什么）

　　　B　一会儿我要开车。

(10)　A　昨天晚上________________？

　　　B　我没看电视。

6 제시된 단어를 사용해 문장을 완성하세요. (문항당 2점, 총 20점)

(1)　我________________汉语。（一点儿）

(2)　请您帮________________。（照相）

(3)　时间不早了，我们________________。（家）

(4)　这两个汉字我也不认识，我们________________吧。（老师）

(5)　他在楼上，你________________。（找）

(6)　这两天他们________________，你不能去。（考试）

(7)　你说得太快，我没听懂，请你________________。（一点儿）

(8)　中国杂技我还________________。（没……呢）

(9)　我的手机没电了，________________。（不能）

(10)　我试试这件毛衣，________________？（可以）

7 알맞은 대답을 선택하여 괄호 안에 √ 표시하세요. (문항당 2점, 총 10점)

(1) **A** 你们吃啊，别客气!

    B ① 没什么。　　（　　）

      ② 很客气。　　（　　）

      ③ 谢谢。　　（　　）

(2) **A** 我们经理请您在北京饭店吃晚饭。

    B ① 可以。　　　　　　　（　　）

      ② 您太客气了，真不好意思。　（　　）

      ③ 我喜欢在饭店吃饭。　　（　　）

(3) **A** 他问您好!

    B ① 谢谢!　　　（　　）

      ② 我很好。　　（　　）

      ③ 我身体很好。　（　　）

(4) **A** 飞机为什么晚点了?

    B ① 开得很慢。　　　（　　）

      ② 喜欢晚一点儿到。　（　　）

      ③ 天气不好，起飞晚了。（　　）

(5) **A** 去北京大学要换车吗?

    B ① 不要换车就可以到。　（　　）

      ② 不用换车就可以到。　（　　）

      ③ 不能换车就可以到。　（　　）

21 请你参加

참석해 주세요

1 제시된 표현을 이용해 문장 속 빈칸을 채워 보세요.

<table>
<tr><td>

一定 + 来
　　　参加
　　　转告
　　　喜欢

</td><td>

参加 + 晚会
　　　工作
　　　考试

</td><td>

通知 + 大家
　　　学生
　　　我们

看 + **通知**

</td></tr>
<tr><td>

帮助 + 朋友
　　　妈妈
　　　老师
　　　别人

</td><td>

银行 + **里边**
学校
饭店

</td><td>

正在 + 唱歌
　　　打电话
　　　上网
　　　接电话
　　　看新闻

</td></tr>
<tr><td>

正在 + **参观**
去

参观 + 北京大学
　　　完了

</td><td></td><td></td></tr>
</table>

* 제시된 표현을 여러 번 읽어 보세요.

(1) 在家里，我常常＿＿＿＿＿＿＿＿做饭、洗衣服。

(2) 我去找他的时候，他＿＿＿＿＿＿＿上网。

(3) 老师＿＿＿＿＿＿＿明天上午九点考试。

(4) 小张毕业后，很快就＿＿＿＿＿＿＿了，他们公司的王经理对员工很不错。

(5) 我学了一首中国歌，给你唱唱，我想你＿＿＿＿＿＿＿。

(6) 你看＿＿＿＿＿＿＿了吗？星期六晚上七点有晚会。

(7) 你看，那个＿＿＿＿＿＿＿吃饭的人很多，那儿的饭一定好吃。

(1) **A** 我正在 **B** 打电话 **C**。(刚才)

(2) 请你 **A** 小王 **B** 明天去清华大学参观 **C**。(转告)

(3) 玛丽 **A** 唱 **B** 中国 **C** 歌吧。(一首)

(4) 你 **A** 认识 **B** 他 **C** 的？(什么时候)

(5) **A** 老师们 **B** 那个教室里 **C** 开会呢。(正在)

(6) 星期日晚上的音乐会，**A** 你 **B** 别去晚了 **C**。(一定)

3 문장이 어법상 올바른 경우 √, 올바르지 않은 경우 ✕를 표시하세요.

(1) 新年晚会你去参加吗？ 　　　　　　　　　　　（　　）

(2) 我去参加新年晚会。 　　　　　　　　　　　　（　　）

(3) 他休息在房间里呢。 　　　　　　　　　　　　（　　）

(4) 他新年晚会参加王先生跟一起。 　　　　　　　（　　）

(5) 昨天我给你打电话的时候，你正在吃饭吧？ 　（　　）

(6) 昨天我给你打电话的时候，你正在不正在吃饭？ （　　）

4 다음 문장에서 틀린 부분을 고쳐 써 보세요.

(1) 小王请我帮助拿东西他。

　→ ____

(2) 老师通知去长城我们。

　→ ____

(3) 我转告这件事他了。

　→ ____

(4) 我去参加音乐会圣诞节。

→ ____

(5) 昨天我们动物园去参观了很多动物。

→ ____

你知道我和小王是怎么认识的吗?

有一次，我在商店买东西，买的东西很多。正不知道怎么拿的时候，小王说：
"我帮你拿吧！"他送我走出商店，送我上出租车，很热情(rèqíng, 열정적이다)。

从这以后，我们常常通电话、见面(jiàn miàn, 만나다)。他帮我学汉语，我帮他学英
语，我们现在是好朋友。

(1) (　　) **A** "我"在商店买了很多东西。

　　　　B "我"不知道拿什么东西。

　　　　C 小王不知道"我"拿的什么东西。

(2) (　　) **A** 小王帮"我"拿东西。

　　　　B 小王送了"我"很多东西。

　　　　C 小王送"我"东西后上了出租车。

(3) (　　) "从这以后"的意思是：

　　　　A 从这个地方以后

　　　　B 从小王这样热情以后

　　　　C 从"我"和小王认识以后

| 상황 | 邀请朋友来参加你的生日晚会(提示：时间、地点、怎么去等)。
친구를 당신의 생일 파티에 초대하세요. (제시어: 시간, 장소, 가는 방법 등)

我不能去

나는 갈 수 없습니다

---

1 제시된 표현을 이용해 대화 속 빈칸을 채워 보세요.

太 + **巧** + 了 真 + **巧** 不	有(个) + **约会** 跟朋友 在北海公园	跟老同学 + **见面** *见见面 * 见了一面
有 + **空儿** 没 有 + **空儿** + 的时候	**刚** + 来 毕业 吃完饭 参加工作	**陪** + 谁去…… ……去商店 ……去看画展

* 제시된 표현을 여러 번 읽어 보세요.

(1) **A** 现在有个新电影，我们下午去看好吗？

    B 不好意思，我＿＿＿＿＿＿＿，有个同学来看我。

    A 那就等你＿＿＿＿＿＿的时候再说吧。

(2) **A** 你们去哪儿啊？

    B 我＿＿＿＿＿＿＿＿＿，她想买件毛衣，让我帮她挑挑。

(3) **A** 你什么时候来的？我来晚了吧？

    B 不晚，我也是＿＿＿＿＿＿。

    A 那我们走吧。

(4) **A** 星期天你做什么？

    B 我＿＿＿＿＿＿＿＿。

    A 是女朋友吗？

    B 不，是我的小学同学。我们在北海公园见面。

2 괄호 안의 단어가 들어갈 알맞은 위치를 고르세요.

(1) 你 **A** 我 **B** 去 **C** 找一下儿王经理好吗？ (陪)

(2) 我想和王兰一起去看画展， **A** 她 **B** 没空儿 **C**。(可是)

(3) 下课以后，我们 **A** 应该 **B** 生词和课文 **C**。(复习)

(4) 今天我有空儿， **A** 可以 **B** 跟他 **C**。(见面)

(5) 晚上 **A** 我 **B** 一个约会 **C**，不能参加舞会了。(有)

(6) **A** 我 **B** 要 **C** 出去找玛丽，玛丽就来了，真巧！ (刚)

3 문장이 어법상 올바른 경우 √, 올바르지 않은 경우 ✕를 표시하세요.

(1) 你毕业以后见面她了吗？　　　　　　（　　）

(2) 你毕业以后跟她见面了吗？　　　　　（　　）

(3) 我刚喝完咖啡，还想吃点儿东西。　　（　　）

(4) 刚你去哪儿了？ 我找你你不在。　　（　　）

(5) 刚才你去哪儿了？ 我找你你不在。　（　　）

(6) 我买了两封电影票，给你一封。　　　（　　）

(7) 我去邮局寄了两个快递。　　　　　　（　　）

4 다음 대화에서 틀린 문장을 고쳐 써 보세요.

(1) **A** 你吃了橘子吗？

→ ____

B 吃了。

A 你吃几个橘子了？

→ ____

B 三个。

(2) **A** 你见面王先生了吗?

→ ____

B 我见面他了。他给我了一本杂志。

→ ____

A 是中文的吗?

B 不,是英文的。

(3) **A** 刚我拿来的那本书你见了没有?

→ ____

B 没见。刚才拿来就没有了?你再找找。

→ ____

5 제시된 글을 읽고, 내용에 부합하는 문장을 고르세요.

　　今天晚上有音乐会,我想约(yuē, 초대하다)王兰一起去。想好以后,我就给王兰打了一个电话。真不巧,她明天有考试,今天没空儿,她要复习。她说:"等考完以后再说吧。"我想,考完以后,音乐会也完了。听说(tīngshuō, 듣자하니)这个音乐会好极了,我还是想去听。我打算去大卫的宿舍问问大卫,看他能不能陪我去。

(1) ( ) **A** "我"想约王兰一起去买票。

B "我"想约王兰一起去复习。

C "我"想约王兰一起去听音乐会。

(2) ( ) 王兰说:"等考完以后再说吧。"意思是:

A 王兰说,考完试以后再去听音乐会。

B 王兰考完试以后,让"我"等她,她要和"我"说话。

C 王兰考试的时候,让"我"等她,她要和"我"说话。

(3) ( ) **A** 王兰考完了,音乐会也结束(jiéshù, 끝나다)了。

B 王兰的考试和音乐会都结束了。

C 王兰还没考试,音乐会还没结束。

(4) (　　) **A** “我”要一个人去听音乐会。

B 听完音乐会，“我”去大卫宿舍找他。

C “我”想约大卫跟“我”一起去听音乐会。

6 **제시된 상황에 맞추어 대화해 보세요.**

| 상황 | 朋友邀请你去看京剧，可是你要准备考试，你委婉地拒绝朋友。
친구가 경극을 보러 가자고 초대했지만, 당신은 시험을 준비해야 합니다. 친구의 제안을 부드럽게 거절하세요.

对不起
미안합니다

1 제시된 표현을 이용해 대화 속 빈칸을 채워 보세요.

很 + **久** 多 **久** + 等	**才** + 来 知道 听懂	弄 + **坏** 用 骑 玩儿	**修** + 好 了 能 + **修** 会
一本 + **小说** 看 买 翻译	**约** + 谁 好 *约不约	**可能** + 坏了 修好了 不来了	**还** + 东西 给…… 什么时候 + **还** 没
用 + 笔 词典 *用一用	**借** + 东西 多长时间 可以 + **借**		

* 제시된 표현을 여러 번 읽어 보세요.

(1) **A** 你怎么＿＿＿＿＿＿？我八点就来了。

　　 B 让你＿＿＿＿＿了，真对不起。

(2) **A** 你那本英文小说可以借给我看看吗？

　　 B 你＿＿＿＿＿＿？

　　 A 一个星期，下星期五以前我一定＿＿＿＿＿。

　　 B 你等一下儿，我去给你拿。

(3) **A** 我的电脑被我＿＿＿＿＿，不能用了。

　　 B 听说小王＿＿＿＿＿，你去问问他。

(4) **A** 星期六的画展你＿＿＿＿＿跟你一起去？

　　 B 还没想好约谁，你有空儿吗？

2 괄호 안의 단어가 들어갈 알맞은 위치를 고르세요.

(1) 你快 **A** 进 **B** 来 **C** 吧！(教室)

(2) 你找刘京吗？他 **A** 回 **B** 去 **C** 了。(宿舍)

(3) **A** 十分钟以前 **B** 他 **C** 来了。(就)

(4) **A** 现在他 **B** 来 **C**，可能他的自行车坏了。(才)

(5) 做 **A** 饺子 **B** 就可以吃饭了。(好)

(6) 翻译 **A** 这个句子 **B** 我就陪你玩儿。(完)

3 다음 대화에서 틀린 문장을 고쳐 써 보세요.

A 大卫，你看那本杂志完了吗？我也想看看。

→ ____

B 还没看完呢，给你明天可以吗？

→ ____

A 可以，你看完以后，张新让给我吧。

→ ____

B 张新回去上海了，我能找你，我给你吧。

→ ____

A 好吧！

4 문장이 어법상 올바른 경우 √, 올바르지 않은 경우 ×를 표시하세요.

(1) 他刚下去楼，他说到操场去玩儿。　　　（　　）

(2) 他进去房间拿东西，一会儿就出来。　　（　　）

(3) 你别等我，你先走吧。　　　　　　　　（　　）

(4) 真对不起，你的电子词典我弄坏了。　　（　　）

(5) 对不起，你的书我弄脏了。　　　　　　（　　）

(6) 约好的，我怎么能不来呢？当然要来！　　　　（　）

(7) 我们六点半才来，你怎么七点来了？　　　　　（　）

(8) 修你的照相机好了吗？　　　　　　　　　　　（　）

　　下午三点我走出学校，想去酒吧见朋友。这时候，我看见前边有一个男孩儿，他走进酒吧里了。我想，孩子不能进酒吧，应该让他回家去。

　　我刚走到酒吧，看见那个男孩儿正和酒吧工作人员(gōngzuò rényuán, 근무자)说话(shuō huà, 말하다)呢。工作人员不让他进里边去，可是他不听，一定要进去。啊，我认识他。这是李老师的孩子，他叫小明。我说："小明，快回家去吧，这不是你应该来的地方。"他看了看我，有点儿(yǒudiǎnr, 조금)不好意思，就慢慢走出去了。

(1) （　）　**A**　酒吧在学校外边。

　　　　　　B　酒吧在学校里边。

　　　　　　C　酒吧、小男孩儿家都在学校里边。

(2) （　）　**A**　小男孩儿进酒吧是见朋友。

　　　　　　B　小男孩儿最后没进酒吧里边去。

　　　　　　C　小男孩儿进酒吧是想和酒吧工作人员说话。

(3) （　）　"这不是你应该来的地方"的意思是：

　　　　　　A　小孩子应该来这个地方。

　　　　　　B　这个地方你不应该来。

　　　　　　C　这个地方不是你想来的地方。

6 그림을 보고, '동사 + 来 / 去'를 알맞게 활용해 대화를 완성하세요.

(1) 

A 我今天做了很多好吃的，

你＿＿＿＿＿＿＿吃饭吧。

B 我现在就＿＿＿＿＿＿＿。

(2)

A 儿子，你什么时候＿＿＿＿＿＿＿？

B 我这个周末就＿＿＿＿＿＿＿。

(3)

A 小林，

快点儿＿＿＿＿＿＿＿接电话，是找你的。

B 好的，我马上＿＿＿＿＿＿＿。

(4) 

A 今天外面太冷了，

我不想＿＿＿＿＿＿＿。

B 是啊！明天天气好了，

你再＿＿＿＿＿＿＿吧！

24 真遗憾，我没见到他

그를 만나지 못해서 정말 아쉽습니다

1 제시된 표현을 이용해 대화 속 빈칸을 채워 보세요.

关 + 窗户 　　电视 　　电脑 　　手机	常 + **忘** 没 别 + **忘** + 了 **忘** + 在……了	**摔** + 坏 　　碎	真 + **可惜** 太 + **可惜** + 了
急 + 事 别 + **急**	**马上** + 就去 　　　就修好 　　　就懂了	跟…… + **联系** 常 不 有 **联系** + 方法	**见** + 到 　　一面 *见一见

* 제시된 표현을 여러 번 읽어 보세요.

(1) **A** 别关门，我的手机＿＿＿＿＿＿＿＿＿＿＿＿。

　　B 你快进去拿吧，车＿＿＿＿＿＿就要开了。

　　A 你＿＿＿＿＿＿，还有十分钟呢！

(2) **A** 你＿＿＿＿＿＿我的杯子(bēizi, 컵)了吗？

　　B 你看，在那儿呢。

　　A 哎呀，怎么＿＿＿＿＿＿了？不能用了。

　　B 还是新的呢，＿＿＿＿＿＿！

2 괄호 안의 단어가 들어갈 알맞은 위치를 고르세요.

(1) 出门的时候我 **A** 关 **B** 电视 **C** 了，真糟糕！(忘)

(2) 他上星期刚买的花瓶，**A** 今天 **B** 摔 **C** 碎了。(就)

(3) 这是我的手机号，以后 **A** 我们 **B** 联系 **C** 吧。(多)

(4) 你别走了，饭 **A** 就 **B** 做好了 **C**，吃了饭再走吧！(马上)

(5) 经理 **A** 他 **B** 马上 **C** 回公司。(让)

(6) 他让我 **A** 常 **B** 发 **C** 电子邮件。(给他)

3 문장이 어법상 올바른 경우 √, 올바르지 않은 경우 ✕를 표시하세요.

(1) 他摔了一个杯子碎了。　　　　　(　)

(2) 他摔碎了一个杯子。　　　　　　(　)

(3) 你出去的时候，请关好窗户。　　(　)

(4) 你出去的时候，请关窗户好。　　(　)

(5) 我给小李买的地图忘在书店里了。(　)

(6) 我忘给小李买的地图在书店里了。(　)

(7) 小李不在家，他出差上海去了。　(　)

(8) 小李不在家，他去上海出差了。　(　)

(9) 你常联系他吗?　　　　　　　　(　)

(10) 你常跟他联系吗?　　　　　　　(　)

4 다음 문장에서 틀린 부분을 고쳐 써 보세요.

(1) 饭做好了，妈妈说我们吃饭。

　→ ________________________________

(2) 我的新书弄脏了，真遗憾！

　→ ________________________________

(3) 他打网球的时候摔手机坏了。

　→ ________________________________

(4) 他房间的地有很多东西，乱七八糟极了。

→ ____

(5) 他新买的手机摔坏了，你说可惜没可惜？

→ ____

(6) 糟糕，给朋友买的礼物拿忘了！

→ ____

 제시된 글을 읽고, 내용에 부합하는 문장을 고르세요.

今天我们有空儿，我们三个好朋友约好去饭馆儿(fànguǎnr, 식당)吃饭。我们想一起喝喝酒，说说话。

吃什么好呢？小李说："很久没吃烤鸭了，去吃烤鸭吧。"我和小王不知道哪个饭馆儿的烤鸭好吃，就问小李。

小李说："学校东边那个饭馆儿的烤鸭不错，也不贵。"我们就去了。

太好了，我们到那儿的时候，人还不多。我们挑了一个离窗户近的地方坐，要了两瓶啤酒、三个菜，让服务员快一点儿给我们上烤鸭。

啤酒快喝完的时候，烤鸭上来了。烤鸭真的不错，黄黄的，很好看，也很好吃。

吃完饭，小李先付了钱，我和小王给小李钱的时候，我才知道忘带钱和手机了，真糟糕！我说回学校以后再给小李钱，小李说没关系，可是我很不好意思。以后我不能再这样(zhèyàng, 이렇게)了！

(1) (　　) A "我们"在学校里边一起吃饭。

　　　　　 B "我们"在学校东边的饭馆儿吃饭。

　　　　　 C "我们"在学校北边的那个饭馆儿吃饭。

(2) (　　) A 小李说吃烤鸭说得很久。

　　　　　 B "我们"想吃烤鸭想了很久了。

　　　　　 C "我们"很长时间没吃烤鸭了。

(3) (　　) **A** 服务员上烤鸭上得很慢。

B 服务员想快一点儿上烤鸭。

C "我们"让服务员快点儿上烤鸭。

(4) (　　) **A** 这次吃饭是小李先付的钱。

B 这次吃饭是三个人一起付的钱。

C 这次吃饭最后是小王付的钱。

6 제시된 상황에 맞추어 대화해 보세요.

> |상황| 请说一说让你觉得很遗憾或很糟糕的事。
> 아쉽거나 안 좋았던 일에 대해 말해 보세요.

这张画儿真美!

이 그림은 정말 아름답습니다!

1 제시된 표현을 이용해 대화 속 빈칸을 채워 보세요.

放 + 在…… 　　好了 在…… + **放** + 了	**画** + 画儿 　　完了 　　好了 　　得真……	一张 + **画儿** 中国 风景
布置 + 房间 　　教室 　　得很美 　　好了	**觉得** + 怎么样 　　　不错 　　　很冷 　　　很抱歉	**这么** + 好 　　　冷 　　　美 　　　热
要是 + 觉得冷，+ **就** + 进来吧 　　　知道　　　　　告诉你		很 + **方便** 不 这么 *方便不方便
又 + 好吃 + **又** + 便宜 　　快　　　　好 　　远　　　　不方便		很 + **容易** 不 **容易** + 马虎

* 제시된 표현을 여러 번 읽어 보세요.

(1) **A** 你看，这＿＿＿＿＿＿＿＿怎么样?

　　B 画＿＿＿＿＿＿＿＿!

(2) **A** 昨天让你久等了，我＿＿＿＿＿＿＿＿＿＿＿＿。

　　B 没什么，我知道你工作忙。

(3) **A** 画展(huàzhǎn, 그림 전시회)＿＿＿＿＿＿＿＿＿＿＿＿吗?

　　B 快布置好了。

(4) A 你住的地方买东西________________？

　　 B 方便，有不少商店，还有一个大超市。

(5) A 你看，这个花瓶________________好看？

　　 B 我觉得________________不错。

2 괄호 안의 단어가 들어갈 알맞은 위치를 고르세요.

(1) 昨天冷，　A 今天 B 冷 C。(更)

(2) 考试的时候不能马虎，要是马虎，　A 就 B 出错 C。(容易)

(3) 你 A 新买的衣服 B 在衣柜里 C 了吗? (放)

(4) 你的房间 A 布置 B 得 C 漂亮！(这么)

(5) A 这些画儿 B 买的 C，是我画的。(不是)

3 문장이 어법상 올바른 경우 ✓, 올바르지 않은 경우 ✕를 표시하세요.

(1) 她的手表又样子好看，又颜色漂亮。　　（　　）

(2) 要是衣柜大一点儿，就更方便了。　　（　　）

(3) 要是你学习，就我关了电视。　　（　　）

(4) 要是你累了，就休息休息吧。　　（　　）

(5) 你的铅笔在本子呢。　　（　　）

(6) 我觉得画人最不容易。　　（　　）

4 다음 문장에서 틀린 부분을 고쳐 써 보세요.

(1) 今天两个他们一起去公园玩儿了。

　　 → ________________________________

(2) 这个衣柜这么颜色好看！

　　 → ________________________________

(3) 你说今天冷，我觉得更昨天冷。

　　→ ____________________________________

(4) 要是你不认识路，就我带你去。

　　→ ____________________________________

(5) 这些本杂志借给我看看吧。

　　→ ____________________________________

　　小张和小王要结婚了。他们找来小李帮他们布置新房。

　　他们买了一些画儿，还买了一些花儿。桌子、椅子、书柜、衣柜、床也都买好了。

　　小李说："那张最大的画儿挂(guà, 걸다)在客厅(kètīng, 거실)，那两张风景画儿挂在卧室(wòshì, 침실)吧。衣柜放在床旁边，书柜放在客厅。那些有盆(pén, 화분)的花儿放在客厅的窗户下边；别的花儿放在花瓶里，花瓶放在桌子上，应该很漂亮。"

　　小张和小王觉得小李说得很对。说完，他们三个就开始(kāishǐ, 시작하다)布置新房了。

(1) (　　) **A** 小张和小王结婚了。

　　　　　B 小张和小王还没结婚。

　　　　　C 小张和小王不想结婚。

(2) (　　) **A** 小李一个人来新房了。

　　　　　B 他们和小李一起来新房了。

　　　　　C 他们不知道小李在哪儿，他们找小李。

(3) (　　) **A** 布置新房的东西都买好了。

　　　　　B 他们没买花儿和椅子。

　　　　　C 他们想买一些东西布置新房。

(4) (　　) **A** 客厅里要挂一张大画儿。

B 客厅里已经挂了一张大画儿。

C 客厅里挂着的那张画儿是风景画儿。

(5) (　　) **A** 他们三个已经布置完新房了。

B 他们三个今天以后再布置新房。

C 他们三个说完以后马上开始布置新房。

6 제시된 상황에 맞추어 대화해 보세요.

| 상황 | A去B的家里做客，A称赞B的家布置得很漂亮，B做的饭也很好吃。
A가 B의 집에 손님으로 방문했습니다. A는 B의 집 인테리어가 아주 예쁘고, B가 만든 음식도 정말 맛있다고 칭찬합니다.

26 祝贺你

축하합니다

1 제시된 표현을 이용해 대화 속 빈칸을 채워 보세요.

全 + 班 家 国	**考** + 什么 得怎么样 得不太好	**祝** + ……身体健康 ……工作顺利 ……快乐 ……幸福	**快乐** + 生活 的一天 很 + **快乐**
吃得/不 + **了**(liǎo) 拿得/不 去得/不	**打**开 + 窗户 门 柜子 书	一 + **只** + 狗 熊猫 手	真 + **可爱** **可爱** + 的孩子 **可爱** + 的样子 觉得……很 + **可爱**
生活 + **幸福** 生活得很 祝……	有(一个) + **问题** 问 什么	不太 + **难** 很 太 + **难** + 了	

* 제시된 표현을 여러 번 읽어 보세요.

(1) **A** 这次考试你＿＿＿＿＿＿＿＿＿＿？

    B 不太好，你呢？

    A 我也＿＿＿＿＿＿＿＿＿＿。

(2) **A** 今天的课，我＿＿＿＿＿＿＿＿＿＿不懂。

    B 什么问题？我帮你。

(3) **A** 星期六下午＿＿＿＿＿＿＿＿＿＿同学都来照毕业相，你怎么没来？

    B 我来晚了，我来的时候，你们都走了。

(4) **A** 你买这么多东西，＿＿＿＿＿＿＿＿＿＿？

    B 你看，那是我姐姐，两个人拿没问题。

(5) **A** 我要换一个新工作了。

    B 祝＿＿＿＿＿＿＿＿＿＿！

2 괄호 안의 단어가 들어갈 알맞은 위치를 고르세요.

(1) 你 **A** 打 **B** 书柜 **C** 看看有没有那本词典？(开)

(2) 你能 **A** 放 **B** 手里的东西 **C**，帮我打开门吗？(下)

(3) 这个盒子是不是 **A** 打 **B** 开 **C** 了？(不)

(4) 你说，这个手机 **A** 还 **B** 修 **C** 好吗？(得)

(5) 他 **A** 口试 **B** 成绩 **C**，笔试成绩不太好。(好)

(6) 他们 **A** 的 **B** 新婚生活 **C**。(很幸福)

3 문장이 어법상 올바른 경우 √, 올바르지 않은 경우 ✕를 표시하세요.

(1) 这个窗户怎么打得不开了？　　（　　）　　(4) 这么大的蛋糕两个人吃不了。（　　）

(2) 祝贺你考试了全班第一！　　（　　）　　(5) 昨天我的手表修得好了。　　（　　）

(3) 这张照片多漂亮啊！　　（　　）　　(6) 祝您全家新年快乐了！　　（　　）

4 다음 문장에서 틀린 부분을 고쳐 써 보세요.

(1) 这个难问题，我不会做。

　→ ________________________________

(2) 他们结婚以后，有了一个很可爱的孩子，很幸福生活。

　→ ________________________________

(3) 这个铅笔盒打得不开，你帮我一下儿。

　→ ________________________________

(4) 这本小说你一个星期看得完不完？

　→ ________________________________

(5) 那个中国人说得太快，我听得不懂。

　→ ________________________________

⑥ 他买了一只鱼，想晚饭的时候吃。

→ ____

 제시된 글을 읽고, 내용에 부합하는 문장을 고르세요.

王阿姨(āyí, 아주머니)有一只小狗，叫乐乐。它(tā, 그것)白色的毛 (máo, 털)，黑色的眼睛(yǎnjing, 눈)，很可爱。早上和晚上王阿姨都带它出来散步。它喜欢在外边玩儿，见到别的狗，它就更高兴了，跑得快极了。

王阿姨常常给它洗澡(xǐzǎo, 목욕하다)，它又干净又漂亮，人们都喜欢它。孩子们更喜欢它，常常想喂(wéi, 먹이를 주다)它吃东西。可是王阿姨不让孩子们喂它。她说，要是吃乱七八糟的东西，会吃坏肚子(dùzi, 배)；她还说，小狗吃东西，就像我们人吃饭一样，什么时间吃，一次吃多少，都是一定的。

总之(zǒngzhī, 요컨대)，乐乐是大家的好朋友，我们都喜欢它。

⑴ (　　) A 别的狗高兴，乐乐就高兴。

B 乐乐早上出来很高兴，晚上出来更高兴。

C 乐乐到外边玩儿的时候很高兴，见到别的狗更高兴。

⑵ (　　) 王阿姨为什么不让乐乐吃"乱七八糟的东西"？

A 这些东西很乱

B 这些东西很坏

C 这些东西狗吃了不好

⑶ (　　) A 狗可以随便(suíbiàn, 마음대로, 좋을대로)吃东西。

B 狗吃的东西跟人吃的饭一样。

C 狗也应该在一定的时间吃东西。

 제시된 상황에 맞추어 대화해 보세요.

| 상황 | A通过了HSK考试，B来祝贺A。
A가 HSK 시험에 합격했고, B가 A를 축하하러 왔다.

27 你别抽烟了

담배를 피우지 마세요

1 제시된 표현을 이용해 대화 속 빈칸을 채워 보세요.

有点儿 + 冷 不舒服 咳嗽 感冒 头疼	出 + **事故** + 了 别出 + **事故** 交通	**得**(děi) + 注意 休息 快(一)点儿 早(一)点儿	没 + **注意** 注没 **注意** + 休息 安全 身体
每 + 天 年 人 次 (个)星期	不 + **舒服** 觉得很 **舒服** + 极了	不 + **习惯** 没 好 坏 **习惯** + 的生活了	有 + **技术** 修车的 + **技术** **技术** + 不错
迟到 + 了 没 + **迟到** 别	别 + **这样** 不能 **这样** + 不好 可以吗	**病** + 了 有 + **病** 什么	

* 제시된 표현을 여러 번 읽어 보세요.

(1) A 你工作太忙了，得＿＿＿＿＿＿＿＿＿＿＿。

    B 是啊，我每天睡得很少。

(2) A 你注没注意，张老师＿＿＿＿＿＿＿＿＿＿＿。

    B 注意了，他说话的时候常常咳嗽。

    A 他要是不抽烟就好了。

(3) A 听说老李＿＿＿＿＿＿＿＿＿＿＿，上星期住院了。

    B ＿＿＿＿＿＿＿＿＿＿＿？我们去看看他吧。

(4) **A** 每次开会你都＿＿＿＿＿＿＿＿＿，今天早点儿去，＿＿＿＿＿＿＿＿＿＿。

　　　B 知道了，今天我一定晚不了！

(5) **A** 这个房间怎么样？舒服吗？

　　　B 我＿＿＿＿＿＿＿＿＿，好极了。

(6) **A** 车怎么不走了？是不是有＿＿＿＿＿＿＿＿＿？

　　　B 可能是，前边有很多车和人。

(7) **A** 你第一次来北京，＿＿＿＿＿＿＿＿＿了吗？

　　　B 还不太习惯，吃饭、坐车都不太习惯。

2　괄호 안의 단어가 들어갈 알맞은 위치를 고르세요.

(1) 你 **A** 过马路 **B** 要 **C** 安全。(注意)

(2) 小张 **A** 修自行车 **B** 的技术 **C**。(不错)

(3) 今天参观 **A** 你 **B** 一定 **C** 迟到。(别)

(4) 你骑 **A** 车 **B** 骑 **C** 太快了。(得)

(5) 你得 **A** 早 **B** 休息 **C**。(一点儿)

(6) 我以后不 **A** 骑 **B** 车 **C** 了。(快)

(7) 抽烟 **A** 身体 **B** 不 **C** 好。(对)

3　문장이 어법상 올바른 경우 √, 올바르지 않은 경우 ✕를 표시하세요.

(1) 今天我觉得一点儿头疼。　　　(　　)

(2) 我一定别抽烟了。　　　(　　)

(3) 今天非常冷，穿少了容易感冒。　(　　)

(4) 你看，那儿交通事故了。　　　(　　)

(5) 你得安全注意啊！　　　(　　)

(6) 我每天喝水得不多。　　　(　　)

4 다음 문장에서 틀린 부분을 고쳐 써 보세요.

(1) 一点儿喝酒没关系，多喝了对身体不好。

→ ____

(2) 今天我一点儿忙，没空儿，明天陪你去吧。

→ ____

(3) 每个年我都来中国。

→ ____

(4) 他真不好习惯，每天房间里乱七八糟的。

→ ____

(5) 不抽烟了，你看你都咳嗽了。

→ ____

5 제시된 글을 읽고, 내용에 부합하는 문장을 고르세요.

老刘这些天觉得有点儿不舒服，不想吃饭，不想做事，工作的时候也想睡觉。

你知道为什么吗？他有一个星期不抽烟了！不是他自己不想抽，是他爱人让他改(gǎi, 바로잡다, 고치다)改习惯，不让他抽了。

他爱人说，抽烟对身体不好。老刘常常咳嗽，要是不抽烟，不用吃药，慢慢就不咳嗽了，咳嗽的病好了，身体就好了。她还说，开始的时候不习惯，时间长了，就会习惯的。

我们都觉得他爱人说得对。我们说：“老刘，你别不高兴，你爱人这样是爱(ài, 사랑하다)你，你有这样一个好爱人，多幸福啊！”

(1) (　　) A 老刘不舒服，他病了。

　　　　　 B 老刘不喜欢工作，想睡觉。

　　　　　 C 老刘不抽烟了，他不习惯。

(2) (　) **A** 老刘咳嗽的病还没好。

　　　　 B 老刘咳嗽的病好了，身体也好了。

　　　　 C 老刘不咳嗽了，也不用吃药了。

(3) (　) **A** 老刘不舒服的时间已经很长了。

　　　　 B 老刘刚开始不舒服，现在已经好了。

　　　　 C 要是长时间不抽烟，老刘就会慢慢习惯了。

(4) (　) "老刘的爱人不让他抽烟"是：

　　　　 A 爱老刘

　　　　 B 不想买药

　　　　 C 不喜欢老刘

6 제시된 상황에 맞추어 대화해 보세요.

| 상황 | 劝告朋友少看手机。
친구에게 휴대폰을 적게 보라고 충고한다.

28 今天比昨天冷

오늘은 어제보다 춥습니다

1 제시된 표현을 이용해 대화 속 빈칸을 채워 보세요.

下 + 雨 　　雪 …… 下 + 得很大	天气 + 预报 听天气 预报 + 天气	天气 + 暖和 衣服 房间里 *暖和暖和 *暖暖和和	天气 + 凉快 外边很 凉快 + 极了
刮 + 风 　　坏 　　跑	气温 + 高 个子 高 + 楼	练习 + 写字 　　　画画儿 做 + 练习	

* 제시된 표현을 여러 번 읽어 보세요.

(1) A 北京的春天常常＿＿＿＿＿＿＿＿＿吗?

　　B 不，不常＿＿＿＿＿＿＿，常常＿＿＿＿＿＿＿，有时候风很大。

(2) A 你＿＿＿＿＿＿＿了吗? 今天天气怎么样?

　　B 听了，最高气温23℃，最低气温10℃，天气很好。

(3) A 房间里太热，＿＿＿＿＿＿＿，我们去外边吧。

　　B 是啊，外边＿＿＿＿＿＿＿，真舒服!

(4) A 小张比小王＿＿＿＿＿＿＿，可是吃得比小王少。

　　B 那是小张想让自己瘦一点儿。

(5) A 你这个字写得真漂亮! 你常常＿＿＿＿＿＿＿吗?

　　B 我每个星期最少有两个下午＿＿＿＿＿＿＿。

　　A 我也得练习练习了。

2 괄호 안의 단어가 들어갈 알맞은 위치를 고르세요.

(1) **A** 冬天我 **B** 去公园 **C** 滑冰。(有时候)

(2) 那个孩子不到三岁，才 **A** 两 **B** 岁 **C**。(多)

(3) 这件衣服不便宜，是 **A** 三百 **B** 块钱 **C** 买的。(多)

(4) 这个房间 **A** 比那个房间 **B** 暖和 **C**。(一点儿)

(5) 他 **A** 比我 **B** 早起床 **C**。(二十分钟)

(6) 小李比小王滑 **A** 冰 **B** 滑 **C** 好。(得)

3 문장이 어법상 올바른 경우 √, 올바르지 않은 경우 ✕를 표시하세요.

(1) 我喜欢秋天，秋天比夏天凉快极了！　　　　　(　)

(2) 北京的秋天没冷也没热。　　　　　(　)

(3) 他走得快比我。　　　　　(　)

(4) 房间里暖暖和和的，你进来暖和暖和吧！　　　　　(　)

(5) 昨天下雪大，交通不方便。　　　　　(　)

(6) 今年冬天不冷，比去年冬天高气温得多。　　　　　(　)

4 '比'를 사용해 다음 문장을 바꿔 써 보세요.

> |예시| 我1.8m，他1.75m。→ 我比他个子高。

(1) 我的词典旧，他的词典新。

　　→ 他的＿＿＿＿＿＿＿＿＿＿＿＿＿＿＿＿＿＿＿＿＿＿＿。

(2) 昨天最高气温26°C，今天最高气温30°C。

　　→ 今天＿＿＿＿＿＿＿＿＿＿＿＿＿＿＿＿＿＿＿＿＿＿＿。

(3) 小张家有五口人，小王家有三口人。

　　→ 小王家＿＿＿＿＿＿＿＿＿＿＿＿＿＿＿＿＿＿＿＿＿＿。

(4) 一斤苹果八块钱，一斤橘子九块钱。

    → 一斤橘子＿＿＿＿＿＿＿＿＿＿＿＿＿＿＿＿＿＿＿＿＿。

(5) 小李滑冰滑得很好，小张刚学滑冰。

    → 小李＿＿＿＿＿＿＿＿＿＿＿＿＿＿＿＿＿＿＿＿＿。

　去年一月，我去了一次三亚(Sānyà, 싼야[지역명])。那儿最高气温三十多度，最低气温二十多度，我得穿夏天的衣服。在三亚，我觉得最舒服的运动(yùndòng, 운동)是在大海(hǎi, 바다)里游泳(yóuyǒng, 수영하다)。三亚有时候会下雨，天气很凉快。晚饭以后我常常跟朋友们到海边散步(sànbù, 산보하다)。海风轻轻(qīngqīng, 부드럽고 조용하다)地吹，小船慢慢地划，让人感觉很幸福。傍晚的三亚很美，像画儿一样美。

　很快，我从三亚回到北京。北京下雪了，又刮起了西北风，冷极了。北京最高气温零度，最低气温零下十度，公园里有人滑冰。现在北京是冬天，而三亚没有冬天。这两个地方的天气不能比。我觉得很有意思。

(1) (　　) **A**　在三亚运动最舒服。

     B　在三亚海边最舒服。

     C　在三亚游泳最舒服。

(2) (　　) **A**　三亚傍晚的海边像画儿一样美。

     B　三亚海边的小船像在画儿里一样。

     C　三亚晚上没有人在海边散步。

(3) (　　) **A**　北京比三亚冷，所以"我"觉得很有意思。

     B　三亚没有冬天，"我"觉得很有意思。

     C　都是一月，可是北京、三亚的天气很不一样，"我"觉得很有意思。

| 상황 | 请比较一下你们国家的天气和中国有什么不同。
당신 나라의 날씨와 중국의 날씨는 어떤 차이가 있는지 비교해 보세요.

29 我也喜欢游泳

나도 수영을 좋아합니다

1 제시된 표현을 이용해 대화 속 빈칸을 채워 보세요.

什么 + **运动** 喜欢 *运动运动	**爬** +山 楼 上来	会 + **游泳** *游游泳 *游一会儿泳	**比赛** + ……球 参加 + **比赛** A跟B + **比赛**
练 +毛笔字 ……球 ……了多长时间 ……了一个小时	**教** +唱歌 滑冰 游泳 会 一个小时	**回答** +问题 对了 错了 得……	**躺** +下 好 一会儿 在……
打 +排球 篮球 网球 太极拳	**丢** +了…… 在…… 别 + **丢** + 了	喜欢 + **旅行** 去…… + **旅行** **旅行** + 了一个星期	

* 제시된 표현을 여러 번 읽어 보세요.

(1) **A** 你喜欢＿＿＿＿＿＿＿＿＿＿＿？

    B 我喜欢爬山。

(2) **A** 你＿＿＿＿＿＿＿＿＿＿吗？

    B 会，我游得不错。

(3) **A** 你知道今天是＿＿＿＿＿＿＿＿＿吗？

    B 听说是上海队对北京队。

    A 那这场比赛一定很好看。

(4) **A** 你的毛笔字＿＿＿＿＿＿＿＿＿了？

    B 我练了一个月了。

    A 有人＿＿＿＿＿＿＿＿＿？

    B 有，王兰是我的老师。

(5) A 放假的时候你想做什么?

　　B 我想跟朋友________________。

　　A 你们去哪儿________________呢?

　　B 去广州。

(6) A 糟糕，我的钥匙________________!

　　B 你想想，________________?

　　A 可能是忘在教室里了。

(7) A 我有点儿不舒服。

　　B 你________________吧!

2 괄호 안의 단어가 들어갈 알맞은 위치를 고르세요.

(1) 你 **A** 下星期的篮球 **B** 比赛 **C** 吗? (参加)

(2) 老师让他 **A** 一个很难 **B** 的问题 **C**。(回答)

(3) 他不会滑冰，可是游泳 **A** 游 **B** 好 **C** 极了。(得)

(4) 他 **A** 练 **B** 中国画儿练了 **C**。(两个星期了)

(5) 我 **A** 打了 **B** 太极拳 **C**。(一个小时)

3 문장이 어법상 올바른 경우 ✓, 올바르지 않은 경우 ✕를 표시하세요.

(1) 我游泳得没有他好。　　　　(　　)

(2) 今天比昨天不冷。　　　　　(　　)

(3) 我躺一会儿想休息休息。　　(　　)

(4) 我喜欢爬山，你也喜欢吧?　(　　)

(5) 今天排球上海队比赛广东队。(　　)

(6) 他在练毛笔字，没在画画儿。(　　)

4 '没有'를 사용해 다음 문장을 바꿔 써 보세요.

(1) 大卫比小张个子高。

　　→ ___________________________________

(2) 玛丽比王兰喜欢滑冰。

　　→ ___________________________________

(3) 今天的风比昨天的大。

　　→ ___________________________________

(4) 那套衣服比这套漂亮。

　　→ ___________________________________

(5) 他现在身体比以前好。

　　→ ___________________________________

(6) 他抽烟比我多。

　　→ ___________________________________

(7) 他游泳比我游得快。

　　→ ___________________________________

小林和小高两个人比谁游泳游得好。

小林说，他五岁就学会游泳了，是爸爸教他的，现在他能在大海里游很远。他说，他也参加过很多次比赛，他比一些运动员(yùndòngyuán, 운동선수)的成绩还好呢！

小高说，没有自己游得好的运动员大概不是游泳运动员！他说，他学游泳没有小林早，可是他是游泳运动员教的。小高说自己能躺在水上休息，还能在水下很长时间不出来，他在水里就像鱼一样自由(zìyóu, 자유롭다)。

我说："不能只听你们说，星期天你们比赛一下儿，看看谁游得更好。"

(1) (　　) A　小林和小高正在比赛游泳。

　　　　　 B　小林和小高不想比赛游泳。

　　　　　 C　小林和小高都说自己游泳游得好。

(2) (　　) A　小林参加过游泳比赛。

　　　　　 B　小高一定比游泳运动员游得更快。

　　　　　 C　小林和游泳运动员一起参加过考试。

(3) (　　) 小高说他"在水里就像鱼一样自由"的意思是：

　　　　　 A　他不能在水里游

　　　　　 B　他像鱼那样在水里游

　　　　　 C　他游泳游得好极了，想怎么游都可以

(4) (　　) A　"我"不想听他们说。

　　　　　 B　星期天没有游泳比赛。

　　　　　 C　"我"不知道他们谁游得好。

6 제시된 상황에 맞추어 대화해 보세요.

| 상황 | 请说一说你的爱好。
당신의 취미에 대해 말해 보세요.

30 请你慢点儿说

천천히 말씀해 주세요

① 제시된 표현을 이용해 대화 속 빈칸을 채워 보세요.

比较 + 难 　　　 容易 　　　 麻烦 　　　 一下儿 A跟B + **比较**	听 + **清楚** 写 说 *看得清楚 *看不清楚	**查** + 词典 　　 问题 　　 (身)体 　　 病房	**谈** + 话 　　 得怎么样 　　 了多长时间 　　 完了
提高 + ……能力 　　　 技术	有 + **能力** 没有 工作	**收拾** + 房间 　　　 东西 　　　 好 不会 + **收拾**	**当** + 导游 　　 老师 　　 经理 　　 爸爸 　　 妈妈
很 + **放心** 对A不/很 + **放心** *放不放心	**记** + 生词 　　 在…… 　　 住 　　 得/不住 没 + **记**住		

* 제시된 표현을 여러 번 읽어 보세요.

(1) **A** 他刚参加工作，你要多教教他。

　　B 好的，他会慢慢地＿＿＿＿＿＿＿＿＿＿＿＿＿＿的。

　　A 就让他在工作中提高吧。

(2) **A** 刚才他说的话你＿＿＿＿＿＿＿＿＿＿＿＿吗？

　　B 他说得太快，我没有都＿＿＿＿＿＿＿＿＿＿＿。

　　A 没关系，回家再打电话问问他。

(3) **A** 你要________________________________英语跟汉语的发音。

    B 是，我要多听听汉语录音，多比较。

(4) **A** 小张，你结婚两年了，还没有孩子，什么时候想________________啊?

    B 这得问我先生他什么时候想________________。

(5) **A** 你这房间太乱了!

    B 你别急，我一会儿就________________。

    A 那现在我就走，等你________________我再来。

(6) **A** 你看那是几路车? 是不是307 路?

    B 太远了，我也________________。

2 괄호 안의 단어가 들어갈 알맞은 위치를 고르세요.

(1) 我 **A** 打了 **B** 字 **C**，有点儿累。(一个小时)

(2) 我预习 **A** 明天要学的语法 **B** 要预习 **C**。(半个小时)

(3) 你 **A** 给我 **B** 当 **C** 汉语老师。(得)

(4) **A** 能 **B** 修好这个洗衣机 **C** 吗? (后天下午)

(5) 写汉字和翻译句子 **A** 都 **B** 是 **C** 难的。(比较)

(6) 你一会儿出来，一会儿进去。**A** 你 **B** 忙 **C** 呢? (什么)

3 다음 문장에서 틀린 부분을 고쳐 써 보세요.

(1) 我有一个姐姐，一个哥哥，在家里我当最小的。

    → ________________________________

(2) 妈妈不放心我常常骑快车。

    → ________________________________

(3) 除了我的手机能照相以外，还能上网。

　　→ ____

(4) 我的书包里钱包以外，都是上课要用的。

　　→ ____

(5) 我去广州一个星期旅行了。

　　→ ____

(6) 他们谈话了一个小时。

　　→ ____

4 주어진 단어나 구를 사용해 다음 문장을 바꿔 써 보세요.

> |예시| 这个房间很干净，还很漂亮。(除了……以外)
> 　　→ 这个房间除了干净以外，还很漂亮。

(1) 我应该买一个洗衣机，还应该买一个冰箱。(除了……以外)

　　→ ____

(2) 全班同学，大卫没有来，别的同学都来了。(除了……以外)

　　→ ____

(3) 他从星期五到星期天给朋友们当导游。('시량보어' 사용하기)

　　→ ____

(4) 她跟中国朋友学做包子。(两个小时)

　　→ ____

(5) 我每天早上从六点到六点半跑步。('시량보어' 사용하기)

　　→ ____

5 제시된 글을 읽고, 내용에 부합하는 문장을 고르세요.

小王的爷爷(yéye, 할아버지)今年七十岁了，身体很健康。他喜欢运动。每天早上小王还没起床，爷爷就穿上运动服到外边锻炼(duànliàn, 단련하다)身体去了。他先慢走一会儿，然后开始打太极拳，一般(yìbān, 보통)打四十分钟。除了打太极拳以外，有时候他还慢跑，大概跑十几分钟。星期六、星期天他还常常带小王去游泳。

小王的奶奶(nǎinai, 할머니)快七十岁了，身体也不错。她也喜欢运动，可是她不跟爷爷一起运动，她有自己的朋友，都是六十多岁的老人。她们早上在离家近的公园里唱歌、跳舞。唱歌、跳舞的时候，她们像年轻人(niánqīngrén, 젊은 사람)一样又活泼(huópō, 활발하다)又快乐。

这样的老人真幸福！有这样的爷爷、奶奶也真幸福！

(1) (　　) **A** 小王的爷爷起得很早。

　　　　　 B 小王的爷爷跑得很慢。

　　　　　 C 小王的爷爷不喜欢运动。

(2) (　　) **A** 小王的奶奶不跟朋友们一起锻炼。

　　　　　 B 小王的奶奶不跟爷爷一起锻炼。

　　　　　 C 小王的奶奶很年轻，她的朋友们也很年轻。

(3) (　　) **A** 每天锻炼的老人都很健康。

　　　　　 B 每天锻炼的老人一定很幸福。

　　　　　 C 小王的爷爷、奶奶和小王都很幸福。

6 제시된 상황에 맞추어 대화해 보세요.

> | 상황 | 请说一说学习汉语的好方法。
> 중국어를 배우는 좋은 방법에 대해 말해 보세요.

那儿的风景美极了！

그곳의 풍경은 정말 아름다워요!

1 제시된 표현을 이용해 대화 속 빈칸을 채워 보세요.

游览 + 长城 　　　名胜古迹 去…… + **游览**	**风景** + 很美 　　　怎么样 ……(地方)的 + **风景**	工作 + **计划** 没有 什么 **计划** + 做什么
办 + 事 　　手续 　　完了 　　了多长时间	看 + **热闹** 不太 *热热闹闹(형용사 중첩) *热闹热闹(동사 중첩)	**各** + 人 　　地 　　国 *各种各样
非常 + 好 　　　难 　　　疼 　　　喜欢	很 + **有名** 不太 **有名** + 的人 　　　的地方	**开发** + 区 　　　……技术

* 제시된 표현을 여러 번 읽어 보세요.

(1) **A** 北京的名胜古迹你都＿＿＿＿＿＿＿过吗？

　　 B 除了长城以外都去过了。

(2) **A** 放假一个星期，你有＿＿＿＿＿＿＿？

　　 B 没有计划，你呢？

　　 A 我＿＿＿＿＿＿＿去桂林旅行。

(3) **A** 你看，这儿有＿＿＿＿＿＿＿的小吃，吃什么好呢？

　　 B 我们挑几种吧，这三种不错。

(4) **A** 长城的＿＿＿＿＿＿＿？

　　 B 美极了，我照了不少照片。

(5) A 新年晚会＿＿＿＿＿＿＿＿＿＿吗?

   B 很热闹, 大家一起唱歌、跳舞, 很晚才回家。

2 괄호 안의 단어가 들어갈 알맞은 위치를 고르세요.

(1) 昨天 **A** 我们 **B** 划船划了 **C**。(两个小时)

(2) 他走 **A** 出 **B** 饭店 **C** 了。(去)

(3) **A** 从北京到上海 **B** 坐飞机要坐 **C**? (多长时间)

(4) 火车晚上八点开, **A** 现在 **B** 去 **C**? (来得及来不及)

(5) 我 **A** 买个花瓶 **B** 送给她。(想)

3 문장이 어법상 올바른 경우 √, 올바르지 않은 경우 ✕를 표시하세요.

(1) 星期天我爬山了两个小时。　　　　　(　　)

(2) 我们看了一个半小时杂技, 好看极了! (　　)

(3) 你找和子吗? 她回去日本了。　　　(　　)

(4) 我们看电视看一个小时了。　　　　(　　)

(5) 他滑冰了一会儿。　　　　　　　　(　　)

(6) 我们应该去游览一下儿北京大学。　(　　)

(7) 你不是说去博物馆吗? 怎么还不起床? (　　)

4 다음 문장을 의문문으로 바꿔 써 보세요.

|예시| 我办手续办了二十分钟。 → 你办手续办了多长时间?

(1) 昨天上午我打字打了一个小时。

   → ＿＿＿＿＿＿＿＿＿＿＿＿＿＿＿＿＿＿＿＿＿＿

(2) 晚上我要预习一个小时语法。

　　→ ________________________________

(3) 现在我能翻译一些句子了。

　　→ ________________________________

(4) 慢点儿说，我听得懂。

　　→ ________________________________

5 제시된 글을 읽고, 내용에 부합하는 문장을 고르세요.

　　中国有句话叫"活(huó, 살다)到老(lǎo, 늙다)，学到老"，意思(yìsi, 의미)是，人从小到大学习没有结束的时候。上小学以前，在家里，我们跟着爸爸、妈妈学；上幼儿园(yòu'éryuán, 유치원)以后，我们开始跟着老师学。然后，我们开始上小学、中学、大学。一般小学学六年，中学学六年，上了大学还要学四五年。参加工作以后，我们还要学习各种知识(zhīshi, 지식)和技术。有的人还要上业余(yèyú, 여가의)大学。退休(tuìxiū, 퇴직하다)以后，有些六七十岁的老人(lǎorén, 노인)虽然不工作了，但他们还要去上老年大学。他们学画画儿，学外语……学习热情(rèqíng, 열정적이다)一点儿也不比年轻人差(chà, 모자라다)。

　　所以，人要想不断(búduàn, 끊임없이, 늘)取得(qǔdé, 얻다)进步，就要努力学习，要"活到老，学到老"。

(1) (　　) "活到老，学到老"的意思是：

　　　　A 人老了的时候开始学习。

　　　　B 人从小时候一直到老都要学习。

　　　　C 人到老了的时候就可以不用学习了。

(2) (　　) **A** 孩子上小学以前都在家里。

　　　　B 孩子上小学以前都去幼儿园。

　　　　C 孩子上小学以前有些在家里有些去幼儿园。

(3) (　　) **A** 一般老人的学习热情比较差。

　　　　　　 B 有些老人的学习热情并不差。

　　　　　　 C 老人的学习热情不能和年轻人比。

6 제시된 상황에 맞추어 대화해 보세요.

> | 상황 | 请说一说你的一次旅行。
> 당신이 여행했던 것에 대해 말해 보세요.

1 제시된 표현을 이용해 대화 속 빈칸을 채워 보세요.

三天 + **以内** 一个月 二十人	**预订** + (飞)机票 车票 房间	给…… + **帮忙** *帮帮忙 *帮……的忙
退 + 钱 ……票 房间	**卖** + 东西 什么 得……	**检查** + 身体 行李 *安(全)检(查)
讨论 + 问题 语法 得……	有 + **办法** 想 好	做 + **广告** 听 看
挂 + 好了 在…… 着……	**停** + 车 在…… 着……	

* 제시된 표현을 여러 번 읽어 보세요.

(1) **A** 你行李这么多，要我＿＿＿＿＿＿＿＿＿？

    B 不用，我拿得了。谢谢！

(2) **A** 听说你要去桂林旅行，机票＿＿＿＿＿＿＿＿？

    B 预订了，是明天上午十点的。

(3) **A** 老师说，昨天学的语法有点儿难，今天上课的时候，
让我们＿＿＿＿＿＿＿＿。

    B 我很喜欢上讨论课。

(4) **A** 上飞机以前要＿＿＿＿＿＿＿＿行李。

    B 那我们先去安检吧。

(5) **A** 你新买的画儿________________?

    B 挂在大房间了。

(6) **A** 外面________________一辆小汽车，是你的吗？

    B 不是。我知道那儿不能停车。

(7) **A** 这本书，你________________看得完吗？

    B 三天太少了，一个星期才能看完。

2 괄호 안의 단어가 들어갈 알맞은 위치를 고르세요.

(1) 小李要布置新家，我们去给 **A** 帮 **B** 忙 **C**。(他)

(2) **A** 衣柜里 **B** 她的新衣服 **C**。(挂着)

(3) 火车站 **A** 十天以内 **B** 的票 **C**，你可以去买。(卖)

(4) 我想 **A** 退 **B** 这件新买 **C** 的毛衣，不知道可以不可以。(了)

(5) 小王没进 **A** 图书馆 **B** 借 **C** 书。(去)

3 다음 문장에서 틀린 부분을 고쳐 써 보세요.

(1) 他进着电影院去看电影了。

    → ____

(2) 商店里挂很多广告。

    → ____

(3) 我出门的时候忘了关电视，现在电视还开呢，真糟糕！

    → ____

(4) 星期天我要去学校给老师帮忙一天。

    → ____

(5) 你看小李了吗? 我找了他好长时间了。

→ ____

4 다음 문장을 '没有'를 사용하여 의문문으로 바꿔 써 보세요.

> | 예시 | 礼堂门外写着电影的名字。 →　礼堂门外写着电影的名字没有?

(1) 图书馆外边停着小汽车。

→ ____

(2) 他在开讨论会的时候看见张老师了。

→ ____

(3) 桌子上放着一个漂亮的花瓶。

→ ____

(4) 他家的门关着。

→ ____

(5) 钱包里放着银行卡。

→ ____

(6) 我听见外边有人说话。

→ ____

　小林快结婚了。今天她带我们去参观新房，新房已经(yǐjing, 이미, 벌써)布置好了。

　走进客厅，就看见窗户上贴(tiē, 붙이다) 着大大的红"囍"(xǐ)字，墙(qiáng, 벽)上挂着他们的结婚照。屋子(wūzi, 방)里的东西都是新买的。沙发、电视、电脑桌、电脑等(děng, 기타)都放在客厅里。卧室里有一张大床，旁边放着一个大衣柜。卫生间(wèishēngjiān, 화장실)里放着洗衣机，厨房(chúfáng, 부엌)里放着冰箱。我们都觉得小林的新房又漂亮又舒服。工作一天回到家，看看电视、喝喝茶，给朋友发发微信，做点儿自己喜欢吃的饭菜，多高兴啊！到了周末，再约好朋友来家里玩儿，就更高兴了！

　小林的新房真不错！我们祝她新婚快乐，生活幸福！

(1) (　　) **A** 小林已经结婚了。

　　　　　B 小林马上要结婚了。

　　　　　C 小林结婚两个月了。

(2) (　　) **A** 新房是睡觉的屋子。

　　　　　B 新房是新婚用的房子。

　　　　　C 新房是和客人见面的屋子。

(3) (　　) **A** 他们看新房的时候是星期六。

　　　　　B 他们看新房的时候看了看电视，喝了喝茶。

　　　　　C 要是工作一天回到家，可以看看电视、喝喝茶；到了周末，还可以约朋友来家里玩儿。

6 제시된 상황에 맞추어 말해 보세요.

> | 상황 | **请说一说你的房间的布置。**
> 당신 방의 배치에 대해 말해 보세요.

33 我们预订了两个房间

1 제시된 표현을 이용해 대화 속 빈칸을 채워 보세요.

终于 + 来了 　　　完了 　　　懂了 　　　修好了	洗澡 *洗(一)个澡 *洗洗澡 *洗完澡了	饿 + 极了 非常 + 饿 *饿不饿	穿 + 衬衫 白 一件
渴 + 极了 　　死了 *渴不渴	穿 + 裙子 红 一条	买 + 裤子 穿 一条	去 + 餐厅 进 在
空 + 房间 　　教室 　　盒子 　　箱子	住 + 满 坐 写 放	质量 + 好/差 空调 + 质量 东西的	住 + 酒店 预订 酒店 + 的房间

* 제시된 표현을 여러 번 읽어 보세요.

(1) **A** 你们酒店还有＿＿＿＿＿＿＿＿？

　　 B 没有了，都＿＿＿＿＿＿＿＿。

(2) **A** 今天去参加玛丽的生日晚会，
　　　　 你说我是＿＿＿＿＿＿＿＿还是＿＿＿＿＿＿＿＿？

　　 B 穿裙子吧，裙子比＿＿＿＿＿＿＿＿漂亮。

(3) **A** 我＿＿＿＿＿＿＿＿，有水吗？

　　 B 有，也有茶，你喝什么？

(4) **A** 刚打完网球，真想＿＿＿＿＿＿＿＿个＿＿＿＿＿＿＿＿。

　　 B 快去洗吧。

(5) **A** 这个箱子的＿＿＿＿＿＿＿＿，刚买来就坏了。

　　 B 去商店问问能不能退，换一个也可以。

(6) **A** 你＿＿＿＿＿＿＿＿，我等了你半个小时了！

    B 对不起，让你久等了。

2 괄호 안의 단어가 들어갈 알맞은 위치를 고르세요.

(1) 只要你说得慢一点儿，**A** 我 **B** 听得 **C** 懂。(就)

(2) 我走进礼堂的时候，看见 **A** 里面 **B** 坐 **C** 了人。(满)

(3) 饿死我了，先让我 **A** 吃 **B** 东西 **C** 吧。(一点儿)

(4) 这个酒瓶太高，**A** 放 **B** 进冰箱 **C** 去。(不)

(5) 我们 **A** 预订 **B** 好了一个 **C** 干净舒服的房间。(终于)

3 다음 문장에서 틀린 부분을 고쳐 써 보세요.

(1) 这个车太大，门太小，不开进去。

  → ＿＿＿＿＿＿＿＿＿＿＿＿＿＿＿＿＿＿＿＿

(2) 你看，她穿的漂漂亮亮地。

  → ＿＿＿＿＿＿＿＿＿＿＿＿＿＿＿＿＿＿＿＿

(3) 打开空调吧，我们可以凉凉快快休息。

  → ＿＿＿＿＿＿＿＿＿＿＿＿＿＿＿＿＿＿＿＿

(4) 只要不下雨，就我们去划船。

  → ＿＿＿＿＿＿＿＿＿＿＿＿＿＿＿＿＿＿＿＿

(5) 刚运动完，我想先洗澡洗澡再吃饭。

  → ＿＿＿＿＿＿＿＿＿＿＿＿＿＿＿＿＿＿＿＿

(6) 他买了一条白衬衫。

  → ＿＿＿＿＿＿＿＿＿＿＿＿＿＿＿＿＿＿＿＿

 예시와 같이 제시된 표현을 사용해 문장을 만들어 보세요.

> |예시| 如果天气好，我们一定去公园玩儿。(只要……就……)
> → 只要天气好，我们就去公园玩儿。

⑴ 这个包太小，书不能放进去。(동사 + 不……)

→ _______________________________

⑵ 这辆车满了，我不能上去了。(동사 + 不……)

→ _______________________________

⑶ 有地图，我能找到那个地方。(只要……就……)

→ _______________________________

⑷ 空调的质量好，我买。(只要……就……)

→ _______________________________

⑸ 箱子不大，能放进车里。(只要……就……)

→ _______________________________

5 제시된 글을 읽고, 내용에 부합하는 문장을 고르세요.

　　星期天，我和张英要去参加小林的婚礼(hūnlǐ, 결혼식)，我们穿什么好呢？张英说，只要穿得干净好看就可以。我问她是穿裤子还是穿裙子。她说当然是穿裙子。我试了试我的裙子，都有点儿瘦了。张英说，她的裙子颜色不太好看。这样，我们就去商店买裙子了。

　　商店里东西很多，人也很多。我们找到卖衣服的地方，那儿挂满了各式各样的裙子，我们都不知道该挑哪一条了。

　　我们让售货员拿了几条试了试，还不错，终于买到了两条又漂亮又合适的裙子。星期天我们可以穿着漂亮的裙子，高高兴兴地去参加小林的婚礼了。

(1) (　　) A “我”打算陪张英去买裙子。

　　　　　B 张英和“我”打算去商店买裙子。

　　　　　C 张英和“我”没买到合适的裙子。

(2) (　　) A “我”瘦了。

　　　　　B “我”的裙子变小了。

　　　　　C “我”变胖了。

(3) (　　) “都不知道该挑哪一条了”的意思是：

　　　　　A 不知道卖裙子的地方

　　　　　B 不知道在哪儿挑裙子

　　　　　C 不能决定(juédìng, 결정하다)挑哪条裙子

(4) (　　) A 今天我们穿得很漂亮。

　　　　　B 我们买到了参加婚礼要穿的裙子。

　　　　　C 星期天我们很高兴地参加了小林的婚礼。

6 **제시된 상황에 맞추어 대화해 보세요.**

| 상황 | 请说一说旅行的时候你要预订什么样的房间，选择什么交通工具。
여행할 때 어떤 종류의 방을 예약하고, 어떤 교통수단을 선택하는지에 대해 말해 보세요.

34 我头疼

나는 머리가 아픕니다

1 제시된 표현을 이용해 대화 속 빈칸을 채워 보세요.

开始 + 上课 　　　发烧 　　　锻炼	给…… + **打针** *打不打针 *打一针	**受** + 伤 *受得了 *受不了
摔 + **伤** 重 **伤** + 得……	工作 + **情况** 学习 生活 交通	很 + **重** 不 **重** + 死了
锁 + 门 　　好(柜子) 修(理) + **锁**	**锻炼** + 身体 　　　　一会儿 喜欢 + **锻炼**	做 + **手术** 做了一次/个

* 제시된 표현을 여러 번 읽어 보세요.

(1) **A** 出门的时候别忘了把门________________。

　　B 放心吧，忘不了！

(2) **A** 早上他一起床就去________________。

　　B 我知道，他每天都跑步。

(3) **A** 听说小王住院做了________________。

　　B 手术做得不错，快出院了。

(4) **A** 听说小张昨天下雨的时候________________，是吗？

　　B 是，可是伤得不重，没关系。

(5) **A** 大夫，打不打针？

　　B 不用________________，吃点儿药就好了。

(6) 老师　现在______________________________, 请打开书，念生词。

　　学生　可以看拼音(pīnyīn, 한어병음)吗?

　　老师　可以。

2 괄호 안의 단어가 들어갈 알맞은 위치를 고르세요.

(1) 他 **A** 把学习情况 **B** 告诉爸爸妈妈 **C**。(要)

(2) 你 **A** 一定 **B** 把护照 **C** 放好。(得)

(3) 一下课，**A** 他们 **B** 都去操场 **C** 锻炼了。(就)

(4) 请 **A** 你 **B** 那本书 **C** 拿给我看看。(把)

(5) 大夫 **A** 手术的情况 **B** 告诉了 **C** 小王的爱人。(把)

3 다음 문장에서 틀린 부분을 고쳐 써 보세요.

(1) 王经理把文件看。

　　→ ____

(2) 大夫请他把嘴张，要看看他的嗓子。

　　→ ____

(3) 她家门一进就说："妈妈，快吃饭吧，我饿死了！"

　　→ ____

(4) 只要休息休息，伤才能好。

　　→ ____

(5) 她打针了两天，现在好多了。

　　→ ____

(6) 请你把灯开，我想看看书。

　　→ ____

4 다음 문장을 '把'자문으로 바꿔 써 보세요.

> |예시| 他喝了那杯茶。→ 他把那杯茶喝了。

(1) 他办完了出院手续。

　　→ ____

(2) 他弄伤了手。

　　→ ____

(3) 早上锻炼的时候，他丢了自行车钥匙。

　　→ ____

(4) 你吃了那个橘子吧！

　　→ ____

(5) 他买好了去上海的飞机票。

　　→ ____

5 제시된 글을 읽고, 내용에 부합하는 문장을 고르세요.

　　前几天下大雪，小李骑车摔倒(dǎo, 넘어지다)了，把腿(tuǐ, 다리)摔伤了，伤得比较重，走不了路了。同学们把他送到医院，大夫一检查，就让他住院了。同学们帮他办了住院手续，护士把他送到病房(bìngfáng, 병실)，让他躺好。

　　大夫说，小李的腿得做手术，手术以后很快就会好的。这个医院的水平比较高，大夫的技术也好，同学们让小李放心。同学们说，一有空儿就会来医院看他。他要是有事，就给大家打电话，想吃什么，想看什么书和杂志(zázhì, 잡지)，同学们就给他送来。上课的事别着急(zháojí, 조급해하다)，伤好了，出院了，老师和同学们会帮助他的。

　　小李说，谢谢大家，他一定听大夫的话，早点儿把腿治(zhì, 치료하다)好，早点儿出院，回学校和同学们一起学习，一起锻炼。

(1) (　) **A** 小李不想走路了。

　　　 B 小李腿受伤了，不能走路了。

　　　 C 小李伤得不太重，还能走路。

(2) (　) **A** 同学们让小李有事打电话，大家会给他送东西。

　　　 B 小李给同学们打电话，同学们给他送来了很多东西。

　　　 C 小李给同学们打电话，说想吃东西，想看书和杂志。

(3) (　) **A** 小李伤好了，已经出院了。

　　　 B 小李想早一点儿治好腿，早一点儿出院。

　　　 C 小李回学校和同学们一起上课，一起锻炼了。

6 제시된 상황에 맞추어 대화해 보세요.

> |상황| 请说一说你的一次看病经历。
> 당신이 병원에 갔던 한 번의 경험에 대해 말해 보세요.

35 你好点儿了吗?

좀 좋아졌습니까?

1 제시된 표현을 이용해 대화 속 빈칸을 채워 보세요.

被 + 摔碎 　　弄脏 　　……用坏了 　　……(预)订完了	**撞** + 伤 　　倒 被…… + **撞**	手机、电脑 + **什么的** 唱歌、跳舞 喝点儿咖啡
看样子 + 病了 　　　很高兴 　　　身体不错 　　　要下雨了	别 + **着急** 很 为……	摔 + **倒** 刮 打
保证 + 没问题 　　　能…… 有/没(有) + **保证**	**准时** + 上课 　　　开会 　　　送到	**戴** + 眼镜 　　花儿 　　手表

* 제시된 표현을 여러 번 읽어 보세요.

(1) **A** 这种空调质量好吗?

　　B ＿＿＿＿＿＿＿＿＿＿＿＿＿＿＿＿＿，你放心吧!

(2) **A** 下午两点，你一定要把文件送到张老师办公室。

　　B 好的，我一定＿＿＿＿＿＿＿＿＿＿＿＿＿＿＿。

(3) **A** 现在几点了?

　　B 我没＿＿＿＿＿＿＿＿＿＿＿＿＿＿，看看手机吧!

(4) **A** 丽林酒店还有空房间吗?

　　B 没了，都＿＿＿＿＿＿＿＿＿＿＿＿＿＿＿。

(5) **A** 刮风了，天也黑了，＿＿＿＿＿＿＿＿＿＿＿＿＿，快走吧!

　　B 是啊，下雨以前常常刮风。

⑹　**A**　我们去咖啡馆＿＿＿＿＿＿＿＿＿＿＿＿＿＿＿＿＿，好吗？

　　　B　我不喜欢喝咖啡，也不习惯喝(牛)奶，还是去茶馆喝茶吧！

2 괄호 안의 단어가 들어갈 알맞은 위치를 고르세요.

⑴　那个孩子的 **A** 手 **B** 毛笔 **C** 弄黑了。(被)

⑵　现在她正 **A** 买不到 **B** (飞)机票 **C** 着急呢！(为)

⑶　我忘了关窗户，**A** 花儿 **B** 风 **C** 刮倒了。(叫)

⑷　只要是周末，**A** 他 **B** 和朋友们一起 **C** 去喝酒、唱歌什么的。(就)

⑸　他 **A** 车 **B** 停在 **C** 那棵(kē, 그루[나무를 세는 단위])大树下边了。(把)

3 다음 문장에서 틀린 부분을 고쳐 써 보세요.

⑴　他的身体一天一天好。

　　→ ＿＿＿＿＿＿＿＿＿＿＿＿＿＿＿＿＿＿＿＿＿＿＿＿＿＿＿＿

⑵　那个手机买的人是我弟弟。

　　→ ＿＿＿＿＿＿＿＿＿＿＿＿＿＿＿＿＿＿＿＿＿＿＿＿＿＿＿＿

⑶　车开得太快，那棵小树叫撞倒了。

　　→ ＿＿＿＿＿＿＿＿＿＿＿＿＿＿＿＿＿＿＿＿＿＿＿＿＿＿＿＿

⑷　那儿离这儿很近，不用坐车，我们走去着吧。

　　→ ＿＿＿＿＿＿＿＿＿＿＿＿＿＿＿＿＿＿＿＿＿＿＿＿＿＿＿＿

⑸　我看样子他很着急，不知道为什么。

　　→ ＿＿＿＿＿＿＿＿＿＿＿＿＿＿＿＿＿＿＿＿＿＿＿＿＿＿＿＿

⑹　刚买的杂志被我忘出租车了。

　　→ ＿＿＿＿＿＿＿＿＿＿＿＿＿＿＿＿＿＿＿＿＿＿＿＿＿＿＿＿

| 예시 | 他把我的包借走了。 → 我的包被他借走了。

(1) 打球的时候，把他撞倒了，眼镜也摔坏了。

→ ____

(2) 小狗把孩子的牛奶喝了。

→ ____

(3) 她把妹妹关在门外了。

→ ____

(4) 快递公司把他寄给玛丽的东西退回来了。

→ ____

(5) 他弄丢了电影票，不能看电影了。

→ ____

今天是安文又着急又感激(gǎnjī, 감격하다)又高兴的一天。你知道为什么吗？

今天是星期天，安文吃完早饭，想去买点儿水果什么的。这时候，她习惯地去拿自己的小包，可是小包不见了！小包呢？丢了吗？安文开始着急了。小包里有钱，有银行卡、校园卡，还有男朋友刚寄来的照片……小包怎么会没有了呢？

她想了想，昨天下午和朋友们去唱卡拉OK，天黑了才坐出租车回来，她觉得又饿又累，在宿舍吃了一点儿东西，就洗了个澡睡觉了。小包一定是被忘在出租车上了！她找出昨天坐车的发票(fāpiào, 영수증)，上边有出租车公司的电话号码，她就给公司打了个电话，说了昨天坐车的情况。

公司的人说，他们也正在想办法找她呢！安文坐的那辆车的司机(sījī, 기사, 운전사)已经把她的小包交到公司了。安文听到以后，高兴得不知道说什么好，她放下电话就出门了。她要去出租车公司感谢他们，拿回被自己丢了的小包。

(1) (　　) 安文着急是因为________。

    A 小包丢了

    B 她想看男朋友的照片

    C 她想快一点儿去买水果什么的

(2) (　　) 安文找出坐车的发票，找到电话号码，是要________。

    A 预订出租车

    B 给朋友打电话

    C 给出租车公司打电话找回小包

(3) (　　) "高兴得不知道说什么好"的意思是________。

    A 太高兴了

    B 不知道用汉语怎么说

    C 不知道公司的人说了什么

6 제시된 상황에 맞추어 대화해 보세요.

| 상황 | 请说一说你的探望(tànwàng, 방문하다)病人的经历。
당신의 병문안 경험에 대해서 말해 보세요.

我要回国了

나는 귀국하려고 합니다

1 제시된 표현을 이용해 대화 속 빈칸을 채워 보세요.

告别 + 北京 向…… + **告别** 跟……	**打扰** + ……了 ……休息 ……一下儿	**照顾** + 孩子 老人 病人
吃 + **够** + 了 喝　　　了 ……不 + **够** + 了 ……得很不 + + **够**	**准备** + 考试 结婚 好了	**继续** + 学习 工作 讨论
打算 + 去旅行 做…… 有(没有) + **打算**	**离开** + 家 学校 *离得开 *离不开	**一边** + 工作 + **一边** + 学习 喝茶　　　聊天儿 听音乐　　看手机
已经 + 寄走了 懂了 修好了	**老** + 刮风 下雨 发烧	趁…… + **机会** 有(没有) 好

＊ 제시된 표현을 여러 번 읽어 보세요.

(1) **A** 你就要回国了，去＿＿＿＿＿＿＿＿？

　　B 去了，告别的时候，同学们都说让我多跟他们联系。

(2) **A** 对不起，＿＿＿＿＿＿＿＿，王红是住在这儿吗？

　　B 是住在这儿。

(3) **A** 刘丽上班，孩子还小，现在是她妈妈帮她＿＿＿＿＿＿＿＿。

　　B 家里有老人就是好。

(4) **A** 听说小林要结婚了，不知道他们＿＿＿＿＿＿＿＿。

　　B 房子和东西都准备好了。

(5) **A** 你毕业以后，还______________汉语吗？

　　　B 学，不学就忘了。

(6) **A** 放假的时候，______________？

　　　B 哪儿也不去，在家休息。

(7) **A** 公司让我出国学习一个月。

　　　B 这是一个______________，你要好好儿学习。

2 괄호 안의 단어가 들어갈 알맞은 위치를 고르세요.

(1) 小张 **A** 去上海 **B** 出差的 **C** 机会去看看老朋友。(趁)

(2) 他 **A** 第一次 **B** 家 **C** 去国外生活，有点儿不习惯。(离开)

(3) 他头疼是 **A** 昨天 **B** 晚上 **C** 没睡好觉。(因为)

(4) 他 **A** 在北京 **B** 住了 **C**，已经习惯了。(一年)

3 다음 문장에서 틀린 부분을 고쳐 써 보세요.

(1) 他来十分钟教室了。

　　→ ____

(2) 他们聊天儿了半个小时。

　　→ ____

(3) 放假的时候，我们班有同学去上海，有同学去桂林。

　　→ ____

(4) 我快回国了，明天向朋友去告别。

　　→ ____

(5) 好长日子没有看见他了。

　　→ ____

4 예시와 같이 제시된 표현을 사용해 문장을 만들어 보세요.

> |예시| 走路　打电话　一边……一边……
> 　　　→　他一边走路，一边打电话。

(1) 看书　听音乐　一边……一边……

　　→ ____

(2) 天气好　去公园　看花儿　趁

　　→ ____

(3) 这些杂志　我妹妹的　我的　有的……有的……

　　→ ____

(4) 离开　商店　半个小时

　　→ ____

(5) 前　走　就是　商店　往

　　→ ____

5 제시된 글을 읽고, 내용에 부합하는 문장을 고르세요.

　　和子快回国了。他们班五六个同学约好，星期六下午到和子宿舍跟和子一起做饭，在她那儿开一个晚会。

　　下午四点，同学们来了。有的买了水果，有的买了啤酒，有的买了鱼、肉(ròu, 고기)和蔬菜。到了以后，大家就开始忙起来。有的洗菜，洗水果；有的搬(bān, 옮기다)桌子，搬椅子，布置房间。大家一边干活儿(gàn huór, 일하다)，一边聊天儿。

　　有的说，刘京应该做一个北京风味儿(fēngwèir, 맛, 풍미) 的菜，这样和子才会记住他的名字。刘京说，和子应该做一个日本菜，大家吃了才会更了解(liǎojiě, 이해하다)她。同学们就这样高高兴兴、热热闹闹地聊着，准备着他们的晚会。

和子说：“我来北京这么长时间，同学们对我像兄(xiōng, 형)弟姐妹一样，趁今天这个机会，我要好好儿谢谢大家，为大家做一个日本菜。”她一边说一边走进厨房去做日本菜了。

(1) （ 　） A 和子明年就要回国了。

　　　　　 B 同学们在和子那儿开会。

　　　　　 C 同学们要跟和子一起吃晚饭。

(2) （ 　） A 他们没买啤酒。

　　　　　 B 同学们买了各种各样的东西。

　　　　　 C 同学们一起去买了很多东西。

(3) （ 　） A 和子不会做日本菜。

　　　　　 B 同学们聊得很热闹。

　　　　　 C 准备晚会时，一些同学聊天儿，一些同学干活儿。

(4) （ 　） A 和子有兄弟姐妹。

　　　　　 B 同学们对和子很好。

　　　　　 C 和子跟她的兄弟姐妹很像。

6 제시된 상황에 맞추어 대화해 보세요.

| 상황 | 你要回国了，你去和中国朋友告别。
(提示：什么时候走，怎么走，回国后的打算等)
당신은 곧 귀국해야 해서 중국 친구에게 작별 인사를 하러 갑니다.
(제시어: 언제 떠나는지, 어떻게 가는지, 귀국 후 계획 등)

37 真舍不得你们走

당신들이 떠난다니 정말 섭섭합니다

1 제시된 표현을 이용해 대화 속 빈칸을 채워 보세요.

水很 + 深 友谊很 深 + (颜)色	该 + 吃饭了 休息了 你/我/他了	舍不得 + 吃 用 离开 花(钱)
留 + 地址 电话号码 给……	欢送 + 会 …… 热情 + 欢送 开 + 欢送 + 会	不 + 热情 热情 + 帮助 介绍
取得 + 联系 签证 ……成绩	生活 + 水平 技术 汉语	旅游 + 公司 去…… + 旅游 在……
贴 + 画儿 广告 好		

* 제시된 표현을 여러 번 읽어 보세요.

(1) A 下星期大卫回国，我们给他＿＿＿＿＿＿＿＿＿＿。

　　B 好，就在我家里开吧！

(2) A 你去美国旅行，＿＿＿＿＿＿＿＿＿？

　　B 取得签证了。

(3) A 生日蛋糕妈妈＿＿＿＿＿＿＿＿吃，她要＿＿＿＿＿＿＿＿孩子们。

　　B 当妈妈的都是这样。

(4) A 十二点了，＿＿＿＿＿＿＿＿，你怎么还看书呢？

　　B 你要是不说，我把吃饭都忘了！

(5) A 你看，这件衬衫怎么样?

    B ＿＿＿＿＿＿＿＿＿＿有点儿＿＿＿＿＿＿＿＿＿＿，你穿深色的不太合适。

(6) A 你的＿＿＿＿＿＿＿＿＿＿越来越高了。

    B 哪儿啊，没有你提高得快。

2 괄호 안의 단어가 들어갈 알맞은 위치를 고르세요.

(1) 小王 A 通知 B 贴在 C 教室墙上了。(把)

(2) A 雪 B 下得 C 大。(越来越)

(3) 她 A 花 B 那么多钱 C 买衣服。(舍不得)

(4) 你累了一天了，A 回家 B 好好儿 C 休息休息了。(该)

(5) 他 A 毕业以前 B 要去公司 C 一个月。(实习)

(6) 妈妈，今天我回来得晚，您 A 把饭 B 给我 C 在桌子上吧。(留)

3 다음 문장에서 틀린 부분을 고쳐 써 보세요.

(1) 她挂衣服在柜子里了。

    → ＿＿＿＿＿＿＿＿＿＿＿＿＿＿＿＿＿＿＿＿＿

(2) 他在玛丽的本子上留电话号码了。

    → ＿＿＿＿＿＿＿＿＿＿＿＿＿＿＿＿＿＿＿＿＿

(3) 同学们交练习本给老师了。

    → ＿＿＿＿＿＿＿＿＿＿＿＿＿＿＿＿＿＿＿＿＿

(4) 桂林的风景很精彩。

    → ＿＿＿＿＿＿＿＿＿＿＿＿＿＿＿＿＿＿＿＿＿

(5) 参观浦东的时候，导游给我们介绍得很热情。

    → ＿＿＿＿＿＿＿＿＿＿＿＿＿＿＿＿＿＿＿＿＿

4 예시와 같이 제시된 표현을 사용해 문장을 만들어 보세요.

(1) 他生病了，他没有休息。(虽然……可是……)

→ ________________________________

(2) 人们的生活水平一年比一年高了。(越来越)

→ ________________________________

(3) 黑板上有几个老师写的句子。(把)

→ ________________________________

(4) 王兰要用照相机，我借给她用了。(把)

→ ________________________________

(5) 已经十一点了，睡觉的时间到了。(该)

→ ________________________________

5 제시된 글을 읽고, 내용에 부합하는 문장을 고르세요.

现在人们的生活越来越方便。

出门坐车，有地铁、出租车、公共汽车(gōnggòng qìchē, 버스)等交通工具(jiāotōng gōngjù, 교통수단)。公共汽车上虽然人多，可是车票很便宜。

买东西也很方便，因为有各种各样的商店、超市。生活用的、学习用的，中国的、外国的，只要舍得花钱，什么东西都能买到。

现在吃饭也很方便。要是你不想做饭，就到外边吃，大大小小的饭馆儿一条路上就有好几家。还有，现在吃的、用的各种东西都可以上网买，还可以送到家里。

要是你想出去玩儿，选择(xuǎnzé, 선택하다)也很多。你可以去远的地方，也可以去近的公园；可以去游览名胜古迹，也可以到城外走走。现在天气越来越暖和，我们该告别冬天，去看看春天的风景了。朋友们，快走出家门吧！

(1) (　　) A　坐公共汽车不好。

　　　　　 B　出门一定要坐出租车。

　　　　　 C　坐公共汽车很便宜。

(2) (　　) A　买东西要舍得花钱。

　　　　　 B　商店多，东西也多，买东西很方便。

　　　　　 C　虽然有各种各样的商店，但有的东西买不到。

(3) (　　) A　不想做饭，就只能去外边吃。

　　　　　 B　外边的饭馆儿有的大，有的小，但很少。

　　　　　 C　不想出门，可以上网买吃的。

(4) (　　) 文章最后一句话的意思是：

　　　　　 A　朋友们很快走出了家门。

　　　　　 B　春天到了，快去看风景吧。

　　　　　 C　外边比家里暖和，快点儿出去吧。

6 제시된 상황에 맞추어 대화해 보세요.

| 상황 |　你的同学要回国了，你负责组织一个欢送会。
　　　　(提示：时间、地点、参加人员及活动安排)
　　　　당신의 동급생이 곧 귀국할 예정이어서, 당신이 송별회를 준비합니다.
　　　　(제시어: 시간, 장소, 참가자 및 활동 일정)

38 这儿托运行李吗？

여기가 짐을 부치는 곳입니까?

1 제시된 표현을 이용해 대화 속 빈칸을 채워 보세요.

算 + 对了 完了 得很清楚	**运** + 行李 东西 到……	**搬** + 家 桌子 椅子 *搬得动 *搬不动	**为了** + 方便顾客 身体健康 学好……
取 + 包裹 行李 钱 衣服	技术 + **交流** 国际 …… + **交流** + 中心	**打听** + 一个人 一件事 到了……	

* 제시된 표현을 여러 번 읽어 보세요.

(1) **A** 我说的那本新书在哪儿卖，你＿＿＿＿＿＿＿＿＿＿＿吗？

  B 小李说，学校旁边的书店就卖。

(2) **A** 这么重的桌子你＿＿＿＿＿＿＿＿＿？ 我帮你搬吧。

  B 那太好了！

(3) **A** 我洗的衣服什么时候＿＿＿＿＿＿＿＿？

  B 明天就可以。

(4) **A** 你每天早上都跑步，星期天也不多睡一会儿，真辛苦！

  B ＿＿＿＿＿＿＿＿＿＿，就要每天锻炼嘛！

(5) **A** 我们今天花了六百五十三块钱，你看我＿＿＿＿＿＿＿＿？

  B 对，一分钱也不差。

2 괄호 안의 단어가 들어갈 알맞은 위치를 고르세요.

(1) 你 **A** 把包裹上的地址 **B** 写得 **C** 更清楚一些。(应该)

(2) 你 **A** 一定要 **B** 大夫说的 **C** 时间吃药。(按照)

(3) 这个包有三四十斤重，我想你 **A** 大概 **B** 拿 **C** 动。(不)

(4) 为了让爸爸、妈妈放心，她每个星期都 **A** 给他们打 **B** 电话 **C**。(好几次)

(5) 你 **A** 帮我 **B** 把行李 **C** 放到上边吗？ (可以)

3 다음 문장에서 틀린 부분을 고쳐 써 보세요.

(1) 因为方便顾客休息，商店里放了一些长椅。

→ ____

(2) 他的行李箱里不但有衣服，和有书。

→ ____

(3) 钱快花完了，下午我要去银行拿钱。

→ ____

(4) 不但那儿古迹很多，风景而且很美。

→ ____

(5) 刚见面的时候，我想不出他的名字来了，现在想出来了。

→ ____

4 예시와 같이 제시된 표현을 사용해 문장을 만들어 보세요.

> |예시| 寄包裹　海运行李　不但……而且……
> → 他不但要寄包裹，而且要海运行李。

(1) 价目表　交钱　按照

→ _______________________________

(2) 天气好　坐飞机　的话

→ _______________________________

(3) 把那本书　拿下去　就不超重　的话

→ _______________________________

(4) 来中国　学习汉语　是　为了

→ _______________________________

(5) 喜欢学习汉语　喜欢唱中文歌　不但……而且……

→ _______________________________

5 제시된 글을 읽고, 내용에 부합하는 문장을 고르세요.

　　下个月张老师要去韩国开一个国际汉语教学经验(jīngyàn, 경험하다)交流会，他很高兴。他想，趁开会的机会要和好久没见面的老朋友们聚一聚(jù, 모이다)。

　　现在，张老师得先去韩国大使馆办签证。大使馆周末不办公，今天已经是星期五了，今天不去的话，就要等到下星期了。张老师觉得应该早一点儿把签证办好，要是办晚了，不能准时去开会，就麻烦了。所以，今天上午他就去了韩国大使馆。

　　为了准备得充分(chōngfèn, 충분하다)一些，几天以前，张老师就打听好了韩国大使馆在哪儿。他觉得最方便最省(shěng, 아끼다)时间的方法是坐地铁，所以他就坐地铁去了。

　　张老师到大使馆的时候，等着办签证的人不多，所以很快就到他了。签证办得很顺利，再过一个星期他就可以拿到了。他还打听好了可以带多少行李。虽然张老师自己的行李不多，可是他要给朋友带一些书，书比较重，行李超重的话，比较麻烦。还好，不会超重。张老师终于放心了。

(1) (　　) **A** 张老师现在在韩国。

　　　　　 B 张老师还没到韩国。

　　　　　 C 张老师见到了老朋友。

(2) (　　) **A** 今天张老师去大使馆了。

　　　　　 B 今天张老师不去大使馆，他下星期去。

　　　　　 C 张老师签证办晚了，不能准时去开会了。

(3) (　　) **A** 张老师的行李准备得很充分。

　　　　　 B 张老师开会的事准备得很充分。

　　　　　 C 张老师办签证的事准备得很充分。

(4) (　　) **A** 张老师的行李不会超重。

　　　　　 B 张老师不知道可以带多少行李。

　　　　　 C 张老师的行李超重了，比较麻烦。

---

6 제시된 상황에 맞추어 대화해 보세요.

> | 상황 | 快放假了，A的行李很多，A和B讨论如何托运行李。
> 곧 방학이라 A의 짐이 많아서, A와 B가 어떻게 짐을 부칠지(탁송할지) 의논한다.

39 不能送你去机场了

당신을 공항까지 배웅할 수 없습니다

1 제시된 표현을 이용해 대화 속 빈칸을 채워 보세요.

替 + 朋友办事 ……取包裹 ……交……费	**添** + 麻烦 衣服 (一)点儿	刮 + **乱** + 了 弄 + **乱** + 了 房间里太 + **乱** 写得太
随身 + 带着 带的	很 + **特别** **特别** + 疼 乱 热闹	**轻** + 一点儿 特别 + **轻** *轻轻地
重新 + 了解 布置 弄一下儿	**转** + 车 给…… 向左 + **转**	**报名** + 去…… 参加…… 报没 + **报名** *报不报名
不 + **结实** 身体很 **结实** + (一)点儿	很 + **安静** 请 **安静** + 地……	**了解** + 中国 ……情况 对……很 + **了解** 对……不

* 제시된 표현을 여러 번 읽어 보세요.

(1) **A** 那件衣服有点儿贵，可是样子＿＿＿＿＿＿＿＿，我想买。

    B 是跟别的不一样，那就买吧！

(2) **A** 这几个菜够吗？要不要再＿＿＿＿＿＿＿＿？

    B 不用了，多了吃不了！

(3) **A** 孩子已经睡了，你＿＿＿＿＿＿＿＿关门。

    B 我知道。

(4) **A** 这双鞋真＿＿＿＿＿＿＿＿，才穿了两个星期就坏了。

 B 再买一双＿＿＿＿＿＿＿＿吧。

(5) **A** 妈妈要跟朋友们去旅行。

 B 年纪大了，别忘了让她＿＿＿＿＿＿＿＿点儿药。

(6) **A** 我在中国，不但要学习汉语，还要＿＿＿＿＿＿＿＿。

 B 那你应该多去各地走走、看看，多和中国人聊聊。

2 괄호 안의 단어가 들어갈 알맞은 위치를 고르세요.

(1) 刘老师 **A** 明天 **B** 张老师 **C** 给我们班上课。(替)

(2) 请你 **A** 把这封信 **B** 给王兰 **C**。(转)

(3) 他把 **A** 带的 **B** 两本 **C** 杂志送给火车上认识的朋友了。(随身)

(4) 这个房间我布置得不好，**A** 你 **B** 帮我 **C** 布置一下儿吧。(重新)

(5) 我去看他的时候，**A** 他 **B** 安静地 **C** 躺着呢。(正)

3 다음 문장에서 틀린 부분을 고쳐 써 보세요.

(1) 你今天或者明天去取照片？

 → ＿＿＿＿＿＿＿＿＿＿＿＿＿＿＿＿＿＿＿＿＿＿＿＿＿＿＿

(2) 你的手提包不如我的旧。

 → ＿＿＿＿＿＿＿＿＿＿＿＿＿＿＿＿＿＿＿＿＿＿＿＿＿＿＿

(3) 旅行的时候，我和玛丽住在一个房间，和子住在别的一个房间。

 → ＿＿＿＿＿＿＿＿＿＿＿＿＿＿＿＿＿＿＿＿＿＿＿＿＿＿＿

(4) 你报名下星期的足球比赛了吗？

 → ＿＿＿＿＿＿＿＿＿＿＿＿＿＿＿＿＿＿＿＿＿＿＿＿＿＿＿

(5) 以前买的这双鞋很结实，我要重新买一双这样的鞋。

→ ___________________________________

4 예시와 같이 제시된 표현을 사용해 문장을 만들어 보세요.

> |예시| 我有五本汉语书，他有十本汉语书。(不如)
> → 我的汉语书不如他的多。

(1) 今天16℃，昨天20℃。(不如)

→ ___________________________________

(2) 坐地铁去用一个小时，坐汽车去用一个半小时。(不如)

→ ___________________________________

(3) 大夫说，今天住院可以，明天住院也可以。(或者)

→ ___________________________________

(4) 在上海，我们参观了浦东，也参观了南京路。(不但……而且……)

→ ___________________________________

5 제시된 글을 읽고, 내용에 부합하는 문장을 고르세요.

　　现在交通越来越方便，出国旅游、留学或工作的人越来越多，各国人民之间(zhījiān, 사이)的交往(jiāowǎng, 왕래하다, 교제하다)也越来越多。

　　外国人到北京，爬长城、看故宫、吃烤鸭；在上海，游豫园、吃小吃；在桂林，看山水风景、喝中国茶。他们在快乐游览名胜古迹的时候，还能学习中国文化，了解中国和中国人。这是多好的机会啊！

　　中国人到国外也是一样。参观博物馆(bówùguǎn, 박물관)，看展览，坐在街边咖啡馆喝喝咖啡……体验(tǐyàn, 체험하다)另外一种生活。

　　外国人学会了怎么做饺子、做包子、做中国菜，中国人新添了咖啡、可乐这样的饮料。在世界各国人民的交往中，在吃饭穿衣的生活里，人们认识了新朋友，学到了新东西，还了解了别的国家的文化，加深(jiāshēn, 깊어지다)了世界各国人民之间的友谊。

(1) (　　) A　各国人民之间的交往和交通有关系。

　　　　　　B　各国人民之间的交往和旅游没关系。

　　　　　　C　各国人民之间的交往和留学没关系。

(2) (　　) A　参观游览是吃烤鸭的好机会。

　　　　　　B　参观游览是吃小吃的好机会。

　　　　　　C　参观游览是交流文化的好机会。

(3) (　　) "另外一种生活"的意思是：

　　　　　　A　别人的生活

　　　　　　B　别的城市的生活

　　　　　　C　和自己的生活不一样的生活

(4) (　　) 文章最后一段的意思是：

　　　　　　A　欧美人喜欢中国饭

　　　　　　B　中国人喜欢外国饮料

　　　　　　C　各国人民在交往中交流了文化，加深了友谊

6 제시된 상황에 맞추어 대화해 보세요.

> | 상황 |　你的朋友要出国旅游，你来宿舍看他。
> (提示：出发时间、行李问题、注意事项等)
> 친구가 해외여행을 가려고 해서, 당신이 기숙사에 친구를 보러 갑니다.
> (제시어: 출발 시간, 짐 문제, 주의 사항 등)

祝你一路平安

가시는 길에 평안하시길 빕니다

1 제시된 표현을 이용해 대화 속 빈칸을 채워 보세요.

跑 + 出去 　　得很快/慢 　　得/不动	太 + 挤 挤 + 公共汽车 　　得……	耽误 + 学习 　　　工作 　　　了火车 　　　了半个小时	不 + 努力 努力 + 工作 　　　学习
问候 + 你家里人 替我…… + 问候	很 + 合适 不 合适 + 的时间	认真 + 学习 　　　工作 　　　考虑	进步 + 很快 　　　不大 (没)有 + 进步
不 + 考虑 考虑 + 一下儿 　　　得怎么样	(没)有 + 希望 我们的 希望 + 你常来电话	一路 + 平安 *平平安安回家来	

* 제시된 표현을 여러 번 읽어 보세요.

(1) **A** 我在街上看见写着这样的话：

"高高兴兴上班去，＿＿＿＿＿＿＿＿＿＿＿＿＿。"

我觉得这句话很有意思。

B 这是说，要注意交通安全。

(2) **A** 今天的课我认真听了，有的地方还是听不懂。

B 你住院＿＿＿＿＿＿＿＿＿＿＿，别着急，我们帮助你。

(3) **A** 咱们的旅行计划你＿＿＿＿＿＿＿＿＿＿了？

B 还没考虑好。

(4) **A** 这孩子学习＿＿＿＿＿＿＿，是因为他＿＿＿＿＿＿＿。

B 是啊，他玩儿电脑玩儿得太多了。

(5) **A** 你什么时候跟我去看展览呢？

B 今天没空儿，再找一个＿＿＿＿＿＿吧。

(6) **A** 你快点儿啊，怎么不跑了？

   B 太累了，_________________了，停下来休息一会儿吧！

2 괄호 안의 단어가 들어갈 알맞은 위치를 고르세요.

(1) 风这么大，你怎么 **A** 把 **B** 帽子 **C** 戴上？ (没)

(2) 小林说，他 **A** 把生词 **B** 复习 **C** 完，就不看电视。(不)

(3) 下了班，**A** 我们 **B** 去医院 **C** 看小王。(就)

(4) **A** 现在 **B** 上班时间还有 **C** 十分钟。(离)

(5) **A** 你 **B** 把东西 **C** 忘在飞机上了。(别)

3 다음 문장에서 틀린 부분을 고쳐 써 보세요.

(1) 在商店，我挑好帽子了，就去交钱了。

   → ____

(2) 我把手提包没忘在酒店。

   → ____

(3) 过马路的时候，要注意交通平安。

   → ____

(4) 你回到家，替我问好你爸爸、妈妈。

   → ____

(5) 我想你早一点儿出院，回到学校。

   → ____

> |예시| 昨天中午我们吃完饭以后，马上去看展览了。(一…… 就……)
> → 昨天中午我们一吃完饭，就去看展览了。

(1) 他回到家，马上打开了电脑。(一……就……)

→ ____________________

(2) 他没收拾好行李。(把)

→ ____________________

(3) 要是汽车太挤，那么坐出租车吧。(……的话，就……)

→ ____________________

(4) 足球比赛的时候，他的腿受伤了，他还继续参加比赛。(虽然…… 可是……)

→ ____________________

⑤ 제시된 글을 읽고, 내용에 부합하는 문장을 고르세요.

　　今天李成日和大卫都要回国。虽然他们不是一个国家的，可是为了给去机场送他们的同学省时间，他们就预订了起飞时间差不多的机票。

　　我们一共有四个同学去送他们。早上八点，我们到留学生楼门口的时候，他们已经拿着行李出来了。门口有两辆出租车等着。两个司机热情地帮他们把行李放到车上，行李放好后，我们就上车了。一辆车里坐三个人，正合适。

　　到了机场，我们就找来小车，把行李放好，去办托运行李和登(dēng, 오르다, 탑승하다)机手续了。他们俩(liǎ, 두 사람)在海关办了出境手续，安检以后，就得去登机口等着了。

　　我们不能进去送他们，大家都有点儿舍不得，可是为了不耽误时间，大家说了几句告别的话就分手(fēnshǒu, 헤어지다)了。希望不久以后我们还能再见面。

(1) (　　) **A** 李成日和大卫坐差不多的飞机。

　　　　　　B 李成日和大卫坐同一班(bān, 노선, 편)飞机。

　　　　　　C 李成日和大卫坐的两班飞机起飞时间差不多。

(2) (　　) **A** 两辆出租车是预订好的。

　　　　　　B 早上八点出租车还没到。

　　　　　　C 太巧了，门口有两辆出租车。

(3) (　　) **A** 送行的人不能进机场。

　　　　　　B 送行的人不能上飞机。

　　　　　　C 送行的人不能过海关安检的地方。

(4) (　　) **A** 大家都舍不得李成日和大卫离开。

　　　　　　B 大家差点儿耽误了李成日、大卫登机。

　　　　　　C 大家帮李成日和大卫办了出境手续。

6 제시된 상황에 맞추어 대화해 보세요.

| 상황 | B大学毕业回国，A去机场给B送行。
B가 대학을 졸업하고 귀국하게 되어, A가 공항에 가서 B를 배웅한다.

종합 TEST ❷

범위   21~40단원

구성   총 6개 유형 / 59문항

배점   문항당 1~3점 차등 배점

목표 점수

_______________점/100점

1 알맞은 단어를 골라 빈칸에 쓰세요. (항목당 1점, 총 10점)

(1) 明天我们班去故宫(Gùgōng, 고궁, 자금성)________________。（参加　参观　旅游）

(2) 小王, ________________我开开门。（帮　帮助　请）

(3) 我________________好了几个朋友去旅游。（约会　说　约）

(4) 星期六在礼堂开舞会，你们________________好了吗？（修　布置　搬）

(5) 这个花瓶________________在哪儿好呢？（放　拿　收拾）

(6) 新房的墙上________________着他们的结婚照。（放　挂　按）

(7) 这件衣服________________短，我要长________________的。（一点儿　不太　有点儿）

(8) 我每天睡得不________________，可是早上还是不能早起。（早　多　晚）

(9) 躺着看书________________眼睛不好。（就　对　向）

2 빈칸에 알맞은 내용을 골라 보세요. (문항당 1점, 총 15점)

(1) 听说这本书非常有意思，你能________________吗？

　　A 看一下儿　　　　　　　　　B 借我看看

　　C 看一会儿给我　　　　　　　D 给借我

(2) 这个房间里________________，开开窗户吧。

　　A 一点儿热　　　　　　　　　B 不太热

　　C 热一点儿　　　　　　　　　D 有点儿热

(3) 昨天晚上咱们都睡得很晚，今天你怎么起得________________？

　　A 这么慢　　　　　　　　　　B 那么快

　　C 这么早　　　　　　　　　　D 这么晚

(4) 他画花儿＿＿＿＿＿＿＿＿＿。

    A 很好　　　　　　　　　B 很好画

    C 画很好　　　　　　　　D 画得很好

(5) 王经理让大家下午＿＿＿＿＿＿＿＿＿。

    A 二点在二楼开会　　　　B 两点开会在两楼

    C 两点在二楼开会　　　　D 开会在二楼两点

(6) 昨天我们＿＿＿＿＿＿＿＿＿。

    A 一起吃晚饭了在北京饭店　　B 在北京饭店了一起吃晚饭

    C 在北京饭店一起吃晚饭了　　D 吃了晚饭一起在北京饭店

(7) 那些衣服洗得＿＿＿＿＿＿＿＿＿？

    A 干净了吗　　　　　　　B 干净不干净

    D 很干净了吗　　　　　　C 不干净了吗

(8) 他是我的好朋友，＿＿＿＿＿＿＿＿呢？

    A 我怎么能不帮他　　　　B 我怎么能帮他

    C 我怎么可以帮他　　　　D 我怎么好帮他

(9) 玛丽，你说手机不见了，床上＿＿＿＿＿＿＿＿？

    A 不是你的手机　　　　　B 不是手机

    C 不是我的手机吗　　　　D 不是你的手机吗

(10) 明天你们吃了＿＿＿＿＿＿＿＿吗？

    A 早饭就去长城了　　　　B 早饭去长城了

    C 早饭了就去长城　　　　D 早饭就去长城

(11) 请等一下儿，他很快＿＿＿＿＿＿＿＿＿＿。

    A 就回来　　　　　　　　　　**B** 回来家

    C 回来家了　　　　　　　　　**D** 回去家

(12) 我的眼睛不好，这么小的字＿＿＿＿＿＿＿＿＿。

    A 看得清楚　　　　　　　　　**B** 不看见

    C 看得见　　　　　　　　　　**D** 看不清

(13) 我没学过法语，我＿＿＿＿＿＿＿＿＿。

    A 听不懂　　　　　　　　　　**B** 不听懂

    C 没听见　　　　　　　　　　**D** 听懂了

(14) 刚才＿＿＿＿＿＿＿＿＿的时候，你在哪儿?

    A 大下雨　　　　　　　　　　**B** 下多雨

    C 多下雨　　　　　　　　　　**D** 下大雨

(15) 他唱歌＿＿＿＿＿＿＿＿＿。

    A 得比我好　　　　　　　　　**B** 唱得比我好

    C 好比我　　　　　　　　　　**D** 得好比我

3 괄호 안의 단어가 들어갈 알맞은 위치를 고르세요. (문항당 1점, 총 15점)

(1) **A** 我 **B** 要 **C** 出去找小王，小王 **D** 就来了。（刚）

(2) 你 **A** 怎么 **B** 来，我 **C** 不到 **D** 十点就来了。（才）

(3) 你找玛丽吗? 她 **A** 回 **B** 去 **C** 了 **D**。（宿舍）

(4) **A** 翻译 **B** 这个句子 **C**，我们就去散步 **D**。（完）

(5) 这是我的手机号，**A** 以后 **B** 我们 **C** 联系 **D** 吧。（多）

(6) **A** 你 **B** 过马路 **C** 要 **D** 安全。（注意）

(7) 他 A 比我 B 早 C 毕业 D。 （两年）

(8) 昨天 A 我们 B 划了 C （的） 船 D。 （两个小时）

(9) A 墙上 B 我买的 C 风景画儿 D。 （挂着）

(10) 我 A 饿了， B 想吃 C 东西 D。 （一点儿）

(11) 你 A 这儿的情况 B 跟他们 C 说说 D。 （把）

(12) 飞机 A 没按时 B 起飞 C 是 D 天气不好。 （因为）

(13) A 雨 B 下 C 得 D 大。 （越来越）

(14) 这个包太重，我 A 想你 B 大概 C 拿 D 动。 （不）

(15) 这个旅游计划 A 不太合适，我 B 想 C 计划一下儿 D。 （重新）

4 상황에 맞게 대화를 완성하세요. (문항당 3점, 총 30점)

(1) A 小刘在楼上吗？

    B 在，你＿＿＿＿＿＿＿＿＿＿＿去找他吧。

(2) A 我去商店，你要带什么吗？

    B ＿＿＿＿＿＿＿＿＿＿＿买两瓶可乐。（麻烦）

(3) A 请您给我们＿＿＿＿＿＿＿＿＿＿＿好吗？（照相）

    B 好。

(4) A ＿＿＿＿＿＿＿＿＿＿＿？（还是）

    B 香港、上海我都想去。

(5) A ＿＿＿＿＿＿＿＿＿＿＿？（上网）

    B 我常常上网，我一般在宿舍里上网。

(6) A ＿＿＿＿＿＿＿＿＿＿＿？（难）

    B 汉语有点儿难，可是我觉得很有意思。

(7) **A** 昨天下午我给你打手机，你怎么不接？

    B 真不巧，________________________________。（把　忘　家）

(8) **A** 我来晚了，________________________________！（久）

    B 我也刚来一会儿。

(9) **A** ________________________________？（生活　习惯）

    B 刚来这儿的时候，有点儿不习惯，现在习惯了。

(10) **A** ________________________________是你妹妹吗？（照片）

    B 哪儿啊，是我小时候。

5 괄호 안의 단어를 이용해 문장을 바꿔 써 보세요. (문항당 3점, 총 15점)

(1) 昨天很冷，今天不太冷。（比）

    → ________________________________

(2) 他唱歌唱得很好，我唱得很不好。（没有）

    → ________________________________

(3) 他把我的自行车借走了。（被）

    → ________________________________

(4) 小树被大风刮倒了。（把）

    → ________________________________

(5) 我起晚了，迟到了。（因为）

    → ________________________________

6 괄호 안의 단어를 이용해 의문문을 완성해 보세요. (문항당 3점, 총 15점)

(1) A ＿＿＿＿＿＿＿＿＿＿＿＿＿＿＿＿汉语吗？（会）

　　 B 现在我会说一点儿了。

(2) A 我说汉语，你＿＿＿＿＿＿＿＿＿＿＿＿＿？（……得……）

　　 B 你慢点儿说，我听得懂。

(3) A 昨天晚上你＿＿＿＿＿＿＿＿＿＿＿（的)音乐？（时间）

　　 B 我听了二十分钟。

(4) A 昨天你去商店＿＿＿＿＿＿＿＿＿＿没有？（买）

　　 B 我没买东西。

(5) A 教室里的窗户＿＿＿＿＿＿＿＿＿＿没有？（着）

　　 B 都开着呢。

정답 및 모범답안

1 (1) p m f　(2) t n l　(3) k h

2 (1) wǒmen　(2) tāmen　(3) dōu　(4) lái　(5) māma　(6) bàba

3 (1) nǐ　(4) lǎo　(7) wǔ　(8) bǎn

4 (1) nǐ　(2) bǎo　(3) fǎ　(4) mǎ　(7) měi

5 (1) hǎo　(2) ma　(3) yě　(4) dōu
(5) lái　(6) tā　(7) wǒmen　(8) nǐmen

6 (1) 你好　(2) 来吗　(3) 好吗　(4) 好吗

7 (1) 爸爸　(2) 妈妈　(3) 都　(4) 来
(5) 他们　(6) 也　(7) 我　(8) 吗

8 (1) 他(tā)　(2) 她(tā)

9 A:　大卫，你好吗？
大卫: 我很好。你好吗？
A:　我也很好。

1 (1) q x　(2) c s　(3) ch sh r

2 (1) yě　(3) wǔ　(5) wǔ　(6) yì　(9) wūyā　(10) yǒuyì

3 (1) wǔ　(2) bā　(3) jiǔ　(4) zǎo
(5) shēntǐ　(6) xièxie　(7) zàijiàn　(8) lǎoshī

4 (1) sì　(2) shí　(3) wǔ　(4) liù
(5) jiǔ　(6) nín　(7) jīntiān　(8) hào

5 (1) **A, B** 您早/老师早　**老师** 你们早　**A** 您身体好吗

　　　老师 很好　谢谢　你们身体好吗　**A, B** 我们(身体)都很好

(2) **A** 你好　**A** 身体好吗　**B** 很好　**A** 来吗　**A** 也来吗　**B** 都来

6 (1) 我身体很好。　(2) 今天爸爸妈妈都来。/爸爸妈妈今天都来。

(3) 他们身体都好吗?　(4) 老师，您早!

7 (1) 老师，您好!　(2) 谢谢你们!

(3) 身体很好。　(4) 爸爸妈妈再见!

8 (1) 你　　(2) 你们　　(3) 他　　(4) 体

9 A:　老师，您早!

老师: 你早! 你好吗?

A:　我很好。您身体好吗?

老师: 我身体很好，谢谢。再见!

A:　再见!

03 你工作忙吗? 일이 바쁩니까?

1 (1) p　m　f　(2) t　n　l　(3) k　h

(4) q　x　(5) c　s　(6) ch　sh　r

2 (1) <u>yuàn</u>　(3) <u>yǔ</u>　(4) <u>jù</u>　(6) <u>xué</u>

(7) <u>yuè</u>　(9) <u>qǔ</u>　(10) <u>jué</u>　(12) <u>qū</u>

3 (1) bù　(2) bù　(3) bú　(4) bú　(5) bú　(6) bù　(7) bú　(8) bú

(9) yì　(10) yì　(11) yí　(12) yì　(13) yì　(14) yì　(15) yì　(16) yí

4 (1) gēge　(2) dìdi　(3) jiějie　(4) mèimei

(5) nián　(6) yuè　(7) rì　(8) hào

(9) jīntiān　(10) míngtiān　(11) jīnnián　(12) míngnián

5 (1) **A** 身体很好　你呢　(2) **B** 今天11月1号

(3) **A** 妹妹呢　(4) **B** 来　不来

(5) **A** 你呢　**B** (工作)不太忙

6 (1) C　(2) C　(3) D　(4) A

7 (1) 我哥哥、弟弟明年都来。　(2) 他(她)爸爸、妈妈身体不太好。

8 (1) 好　　　　(2) 她　　　　(3) 妈妈　　　　(4) 姐姐　　　　(5) 妹妹

9 A: 你好！

　　B: 你好！

　　A: 你最近(zuìjìn, 최근)工作忙吗？

　　B: 很忙，你呢？

　　A: 我也很忙。/ 我不太忙。

04 您贵姓? 당신의 성씨는 무엇입니까?

1 (1) xìng　　　(2) jiào　　　(3) shì　　　(4) bù　　　　(5) tài

　　(6) gāoxìng　(7) hěn　　　(8) dōu　　　(9) yě

　　他叫大卫。他不是老师，也不是大夫，他是学生。他是美国人。他不太忙，也不太累。
　　她姓张，她是老师。她很忙，也很累。他们都是我朋友。我认识他们很高兴。

2 (1) 他弟弟是大夫。　　　　(2) 他叫什么名字？

　　(3) 我妹妹身体很好。　　　(4) 我不是老师，是学生。/ 我不是学生，是老师。

3 (1) A 你姐姐叫什么名字　　A 是学生吗

　　(2) A 他姓什么　　　　　　A 他是老师吗

　　(3) A 认识我弟弟吗　　　　B 他今天来吗

　　(4) A 你认识那个人吗　　　B 你呢

4 (1) 她叫什么(名字)？　　　(2) 您贵姓？/ 你贵姓？/ 你姓什么？

　　(3) 你是美国人吗？　　　　(4) 他是美国留学生吗？

　　(5) 你认识那个学生吗？　　(6) 他忙吗？

　　(7) 她是你朋友吗？　　　　(8) 你累吗？

5 (1) 他很累。　　　　　　　(2) 她姓张。(她是张老师。)

　　(3) 我是美国留学生。　　　(4) 他姓什么？

　　(5) 三个人都是学生。

6 　我认识(rènshi)大卫，他是学生(xuésheng)。认识他我很(hěn)高兴(gāoxìng)。他爸爸妈妈身体(shēntǐ)
都很好，工作(gōngzuò)也(yě)很忙。

7 (1) 吗　　　　(2) 呢　　　　(3) 叫　　　　(4) 名

8 大卫: 我叫大卫，你叫什么名字？

玛丽: 我叫玛丽。

大卫: 你身体好吗？

玛丽: 很好，你呢？

大卫: 我也很好。

1 (1) yě　　(2) shì　　(3) huí　　(4) de　　(5) zài

(6) kàn　　(7) rènshi　　(8) jièshào　　(9) yíxiàr

2　　你们都不认识她，我介绍一下儿。(1) 她姓林(Lín, 린 [성])。(2) 她是我姐姐的好朋友，也是我的朋友。她是北京人。(3) 她爸爸妈妈的家在北京。(4) 她在上海(Shànghǎi, 상하이)工作。她是大学老师，工作很忙，也很累。今天是十月一日，都休息，(5) 她回北京看她爸爸妈妈，也来看我们。

(1) 她姓什么？　　　　　　　　　　(2) 她是谁的好朋友？

(3) 她爸爸妈妈的家在哪儿？　　　　(4) 她在哪儿工作？

(5) 她回北京做什么？

3 (1) A 你去超市吗　　　　B 你去哪儿

(2) A 他在大卫的宿舍吗　　A 他在哪儿

(3) A, B 你去吗

(4) A 王兰在吗　　　　　A 谢谢

(5) A 你爸爸工作吗　　　A 你妈妈也工作吗

4 (1) 我回家。　　　　　(2) 他是谁？

(3) 他不是北京人。　　(4) 我不认识那个美国留学生。

5 (1) 在宿舍　　(2) 来教室　　(3) 去商店　　(4) 请进　　(5) 在家休息

6 (1) 谢谢　　(2) 认识　　(3) 谁　　(4) 请

7　　我介绍一下儿自己(zìjǐ, 자신)，我姓O，我叫OOO。我是韩国人。我在OO大学学习。我身体很好，学习也很忙。认识你们很高兴。

생각해 봅시다 | 大学 dàxué　　　大夫 dàifu

1

(1) **明天**(2026年)9月28日(号)星期一。

Míngtiān (èr líng èr liù nián) jiǔ yuè èrshíbā rì (hào) xīngqīyī.

(2) **昨天**(2026年)9月26日(号)星期六。

Zuótiān (èr líng èr liù nián) jiǔ yuè èrshíliù rì (hào) xīngqīliù.

2

(1) 今天九月三十号(9/30)。(2) 今天是我朋友的生日。(3) 我朋友叫大卫，他是美国留学生。他今年二十(20) 岁。(4) 我们三个人都是大卫的好朋友。(5) 今天下午我们都去商店买东西。(6) 晚上都去大卫的宿舍看他。

(1) 今天几月几号？

(2) 今天是谁的生日？

(3) 你朋友叫什么(名字)？

(4) 你们三个人都是谁的好朋友？

(5) 你们什么时候都去商店买东西？ /今天下午你们做什么？

(6) 你们晚上都去哪儿？做什么？ /晚上你们都去大卫的宿舍做什么？

/你们什么时候去大卫的宿舍看他？

3

(1) **A** 明天晚上你做什么　**B** 你呢

(2) **A** 你做什么

(3) **A** 你去吗

(4) **B** 我很忙

4

(1) 2026年3月25号我在北京工作。

(2) 明天上午十一点他们去超市买东西。

(3) 他十二号星期六来我家玩儿。 / 他这个月十二号(星期六)来我家玩儿。

(4) 昨天下午我在宿舍休息。

(5) 他昨天晚上在家看书。

5

(1) 去超市买东西

(2) 在宿舍听音乐

(3) 星期天休息

(4) 晚上看电视

6

(1) 看/买　(2) 听　(3) 买　(4) 回

(5) 看　(6) 看　(7) 看　(8) 去

(9) 在/回/去　⑩ 做　⑪ 去　⑫ 在/去

7

(1) 明　(2) 昨　(3) 晚　(4) 星　(5) 是　(6) 音

8

今天星期五，晚上我回家休息。明天星期六。明天下午我去书店买书，晚上去看电影。

생각해 봅시다 | 朋

07 你家有几口人？ 당신의 가족은 몇 명입니까?

1　(1) jiéhūn　(2) zhíyuán　(3) yínháng　(4) háizi　(5) xuéxí

　　(6) yǒu　(7) méi　(8) hé　(9) kè

2　(1) 尼娜(Nínà, 니나 [인명])家有五口人，爸爸、妈妈、哥哥、姐姐和她。(2) 她哥哥是职员，在银行工作。(3) 他结婚了，(4) 有一个孩子。(5) 她姐姐没结婚，是大学生，在大学学习英语。(6) 尼娜也是大学生，她不学习英语，她学习汉语。她很忙。(7) 今天有课。(8) 她去大学上课。

(1) 尼娜家有几口人？	(2) 她哥哥做什么工作？
(3) 她哥哥结婚了吗？	(4) 她哥哥有孩子吗？有几个孩子？
(5) 她姐姐结婚了吗？	(6) 尼娜学习什么？
(7) 尼娜今天有课吗？	(8) 她去大学做什么？/她去哪儿上课？

3　(1) 我在宿舍听音乐。　(2) 我在家休息。

　　(3) 他们在教室上汉语课。　(4) 他在商店买东西。

4　(1) B 回家休息　(2) A 你做什么工作　B 在大学工作

　　(3) A 他们结婚了吗　(4) A 你妹妹工作吗

　　(5) A 你家有谁/你家有什么人

5　(1) 不　(2) 没　(3) 不　(4) 不　(5) 不　(6) 没　(7) 不　(8) 没

6　(1) 他们今年二月结婚了。　(2) 他有两个孩子。/ 她有两个孩子。

　　(3) 我明天去超市买东西。

7　(1) 明　(2) 朋　(3) 脑　(4) 家　(5) 字　(6) 室　(7) 宿

8　我家有三口人：妈妈、哥哥和我。我妈妈是老师，哥哥在银行工作。哥哥结婚了，他爱人也在银行工作。他们没有孩子。

생략해 봅시다 ｜ 太　　天　　夫

08 现在几点？ 지금 몇 시입니까?

1　(1) 我早上七点起床。

　　(2) 我早上七点十五分吃早饭。/我早上七点一刻吃早饭。

　　(3) 我中午十二点吃午饭。

　　(4) 我晚上七点三十分看电视。/ 我晚上七点半看电视。

　　(5) 我晚上十一点五十分睡觉。/ 我晚上差十分十二点睡觉。

❷ (1) **A** 你几点吃饭 / 你什么时候吃饭

(2) **A** 你什么时候去上海

(3) **B** 我在家上网　**A** 你几点上网 / 你什么时候上网

(4) **A** 今天你去打网球吗　**A** 你在家做什么

❸ (1) C　　(2) C　　(3) C　　(4) C

❹ (1) 我没有电脑。　　(2) 明天我不去商店。　　(3) 他们没结婚。

(4) 他七点起床。　　(5) 我在食堂吃饭。

❺ (1) 去睡觉　(2) 看电影　(3) 吃饭

(4) 买花儿　(5) 打网球　(6) 回宿舍

❻ (1) 饭　　(2) 网球　　　　(3) 音乐

(4) 早饭　(5) 东西/书/花儿　　(6) 电视/电影/书

(7) 家/宿舍　(8) 床　(9) 课　(10) 课

❼ (1) 见　(2) 视　(3) 现　(4) 球　(5) 觉　(6) 王

❽　　我早上七点起床，七点半去食堂吃早饭。八点去教室上课，十二点下课。十二点半吃午饭。下午一点我去图书馆(túshūguǎn, 도서관)看书，两点回家。晚上六点一刻吃晚饭。

생각해 봅시다 | 回

09 你住在哪儿? 당신은 어디에 삽니까?

❶ (1) huānyíng　(2) gāoxìng　(3) yǒu　(4) pángbiān　(5) wánr

(6) zài　(7) yìqǐ　(8) cháng　(9) hé　(10) jiào

❷　　(1) 我有一个朋友，他叫汉斯(Hànsī, 한스 [인명])。(2) 他住在学校宿舍一号楼一层105号房间。我家在学校旁边。我很欢迎我的朋友来我家玩儿。(3) 我们常一起看电影、听音乐。(4) 星期六、星期日我和朋友们常在学校打球。

(1) 他住在哪儿?　　(2) 你家在哪儿?

(3) 你们常常一起做什么?

(4) 星期六、星期日你们常常做什么? / 星期六、星期日你们在哪儿打球?

❸ (1) 你们学校有多少个老师?　　(2) 他的房间是多少号?

(3) 他的生日是几月几号?　　(4) 这个楼有几层?

(5) 二号楼有多少(个)房间?　　(6) 你有几个中国朋友?

4 (1) 花店买花儿　　　　　(2) 公园玩儿

(3) 食堂吃饭　　　　　(4) 商店买东西

5 (1) B　　　(2) A　　　(3) B　　　(4) B　　　(5) C

6 (1) 邮局在公园旁边。　　　　　(2) 欢迎来北京。

(3) 上课的时候问老师。

7 (1) 进　　　(2) 迎　　　(3) 道　　　(4) 边

8 　　我住在学生宿舍，八号楼，五层，五零七房间。宿舍在图书馆(túshūguǎn, 도서관)旁边。欢迎你们来玩儿。

생각해 봅시다 ｜ 月

10 邮局在哪儿? 우체국이 어디에 있습니까?

1 (1) dōngbian　　(2) nánbian　　(3) xībian　　(4) běibian

(5) pángbiān　　(6) nà　　(7) nàr　　(8) xiūxi

(9) bù　　(10) cháng　　(11) zài　　(12) lí

2 　　我家在公园南边，离公园很近。休息的时候，我常去那儿玩儿。我家旁边有商店、百货大楼、书店，我常去那儿买东西。公园东边有一个学校，我弟弟就在 那个学校学习。超市东边是酒吧。我不常去那个酒吧。

3 (1) 他爸爸在不在商店工作?　　　　　(2) 那个商店离他家远不远?

(3) 他爸爸早上七点半去不去工作?　　　　　(4) 他爸爸下午五点半回不回家?

4 (1) 是　　　(2) 一起　　　(3) 那儿　　　(4) 就　　　(5) 往

5 (1) A 银行在哪儿　　　　　(2) A 离家远不远　　A 你怎么去

(3) A 常上网吗　　A 在哪儿上网

6 (1) 操场在教室的东边。　　　(2) 谁在旁边的房间听音乐?　　　(3) 他常去邮局做什么?

7 (1) 您　　　(2) 息　　　(3) 怎

8 A: 请问，超市在哪儿?

B: 超市在书店旁边。

A: 离这儿远不远?

B: 不太远。你看，就在那儿。

C: 请问，学生食堂怎么走？

D: 往前走就是学生食堂。

C: 操场呢？

D: 操场在学生食堂前边。

C: 离这儿远吗？

D: 不太远。

생각해 봅시다 | 往

11 我要买橘子 나는 귤을 사려고 합니다

1 (1) 这种　　(2) 还　　　　　　　(3) 要　要

(4) 还　　　(5) 还　别的地方　　(6) 很多种

2 (1) **A** 买什么　　　　**A** 几瓶

(2) **A** 多少钱一斤　**B** 六块三　　　你要几斤

(3) **A** 商店在哪儿　**A** 多吗　　　　**A** 便宜吗

(4) **A** 要买什么　　**B** 多少钱一斤　**A** 十块　**B** 贵了

3 (1) 听听　　(2) 休息休息　(3) 介绍介绍　(4) 问问

(5) 玩儿玩儿 (6) 尝尝　　　(7) 问问　　　(8) 看看

4 (1) 他没结婚。　　　　　　　　　　(2) 我昨天不忙，今天很忙。

(3) 他是职员，在银行工作。/ 他在银行工作，是职员。

(4) 我七点一刻在家吃早饭。　　　　(5) 他晚上常常十一点半睡觉。

(6) 橘子多少钱一斤？/ 橘子一斤多少钱？　(7) 要两瓶可乐，不要别的了。

(8) 他买两个苹果。/ 他买两斤苹果。

5 (1) 坐汽车　　(2) 买东西　　(3) 吃苹果

(4) 喝水　　　(5) 听录音　　(6) 去银行

6 　　离我家不远有一个书店。那个书店的书很多。我常常一个人去买书。有时候也和朋友一起去。我在书店认识了一个人，他就在书店工作。他给我介绍了很多好书。我认识这个朋友很高兴。

7 (1) 货员　　(2) 贵　　　(3) 名　　(4) 多　　　(5) 岁

8 售货员: 您要买什么？

A: 　　我要买苹果。多少钱一斤？

售货员: 十块六毛。

大卫: 　太贵了。橘子呢？

售货员: 橘子便宜。七块五一斤。

大卫: 　你买橘子吧。

A: 　　好。我要两斤橘子。

售货员: 这是两斤，十五块。还买别的吗？

A: 　　不要了。

생각해 봅시다 | 他　　做　　身体　　什么　　付钱　　微信

12 我想买毛衣 나는 스웨터를 사고 싶습니다

2 (1) 小 xiǎo —— 大 dà　　　　　　　(2) 少 shǎo —— 多 duō

(3) 长 cháng —— 短 duǎn　　　　　(4) 便宜 piányi —— 贵 guì

(5) 好 hǎo —— 坏 huài

3 (1) 多少　　(2) 怎么　　(3) 哪儿　　(4) 几

(5) 怎么样　(6) 什么　　(7) 谁

4 (1) 穿/买　(2) 喝　　　(3) 发　　　(4) 写　　　(5) 回/在

(6) 买　　　(7) 吃　　　(8) 看　　　(9) 学习　　⑩ 坐

5 (1) **A** 饮料吗　**A** 你喝什么饮料　　　(2) **A** 你去哪儿　**B** 想买一个

(3) **B** 不可以　　　　　　　　　　　(4) **B** 我不想上网

6 (1) **不长也不短 / 不大也不小**　　　(2) **不贵也不便宜**

(3) **不多也不少**　　　　　　　　　(4) **不远也不近**

7 　　我来哈尔滨(Hā'ěrbīn, 하얼빈)四天了。这儿天太<u>冷</u>了。我的衣服很少，所以昨<u>天</u>去买了一<u>件</u>大衣，今<u>天</u>就<u>穿</u>在身上了。

　　我住<u>在</u>宾馆(bīnguǎn, 호텔)，上午、下午<u>工作</u>很忙，很<u>累</u>，晚上回宾馆就想<u>睡觉</u>。

8 (1) 机　　　(2) 楼　　　(3) 校　　　(4) 橘

(5) 样　　　(6) 极　　　(7) 都　　　(8) 邮

9 A:　　　　小姐，我想买这件毛衣。

售货员: 好。

A:　　　　我可以试试吗?

售货员: 可以，您试一下。

A:　　　　这件太小了。

售货员: 您试试那件，怎么样?

A:　　　　不大也不小，好极了。我就买这件。多少钱?

售货员: 这件一百五十块。

2 (1) B　　　　(2) B　　　　(3) A　　　　(4) B　　　　(5) A

3 (1) 他会说一点儿汉语了。

(2) 现在十点半(了)，他不会来了。

(3) 姐姐给妹妹一张地图、一个本子。/ 妹妹给姐姐一张地图、一个本子。

(4) 去天安门要换车吗?

4 (1) A 你会做饭吗　A 你会做中国菜吗　A 谢谢

(2) A 喝什么　A 还要别的吗

(3) A 几点来　A 会来吗

(4) A 我们(一起)看电影　B 哪国的(电影)　B 一起去看

5 (1) 我会说一点儿汉语。　　　(2) 他是日本留学生。

(3) 我不会说汉语。　　　　　(4) 他给我一本书。

(5) 他们三个人都很忙。

6 (1) 懂英语　(2) 哪国电影　(3) 刷卡　(4) 没到站

7　　　我和大卫都想去颐和园(Yíhé Yuán, 이허위안)玩儿，可是(kěshì, 그러나)我们两个人都不知道怎么去。问刘京，刘京说: "颐和园离这儿很近，在学校门口(ménkǒu, 입구)坐往西去的690 路汽车就可以到颐和园的东门。" 明天是星期六，我们没课，我和大卫明天吃完早饭以后(yǐhòu, 이후)就去颐和园玩儿。

8 (1) 打　　　(2) 投　　　(3) 换　　　(4) 找

9 A: 我们想买两张地铁票。

售票员: 你们去哪儿?

A: 北海公园。请问, 要换地铁吗?

售票员: 不用换。坐6号线就能到北海北站。

A: 两张票多少钱?

售票员: 一张五块, 两张十块钱。

A: 谢谢。

售票员: 不谢。/不客气。

생각해 봅시다 | (1) 员 yuán　货 huò　贵 guì　　(2) 问 wèn　间 jiān

(3) 远 yuǎn　近 jìn　道 dào　　(4) 我 wǒ　找 zhǎo

14 我要去换钱 나는 환전하러 가려고 합니다

2 想(xiǎng)　会(huì)　能(néng)　要(yào)　可以(kěyǐ)

(1) 能　　　(2) 会　　　(3) 可以　　　(4) 要

(5) **A** 要　**B** 想　　　(6) **A** 可(以)　可以　**B** 想　可以

3 (1) **A** 我没带手机　**B** 快去　　　　(2) **B** 去了　**A** 你买什么了

(3) **A** 手机号码是多少　**B** 手机里有　　(4) **A** 怎么写

4 (1) A　　　(2) C　　　(3) D　　　(4) D　　　(5) D

5 (1) 汽车　　　　　　(2) 音乐/录音

(3) 汉字　　　　　　(4) 微信/电子邮件

(5) 饭　　　　　　　(6) 床

(7) 衣服　　　　　　(8) 钱/人/东西

(9) 可乐/水　　　　　⑩ 汉语/英语/法语

6　　我的人民币都<u>花</u>了, 我要去银行换<u>钱</u>。玛丽说:"<u>今天是星期日, 银行休息, 我这儿有钱/人民币</u>, 你要多少?" 我说:"五百块。" 玛丽说:"<u>给你</u>。" 我说:"谢谢, <u>明天</u>换了人民币我还(huán, 돌려주다)<u>你</u>。"

7 (1) 明天我不去公园。　　(2) 昨天他没来上课。

(3) 和子常常做日本菜。　　(4) 昨天我没来。

8 (1) 教　　(2) 做　　(3) 数数　　(4) 钱　　(5) 银

9 A:　　　　请问，我想换美元。

营业员：你要换多少?

A:　　　　三百美元。一美元换多少人民币?

营业员：六块五毛八。请您在这儿写一下钱数。在这儿签一下名字。

A:　　　　这样写，对吗?

营业员：对。给您钱。请您数一数。

A:　　　　谢谢!

营业员：不客气。

 | (1) 子　　　　　(2) 绍

　　　　　　　　(3) 息　身　　　(4) 学　明

15 我要照张相 나는 사진을 찍으려고 합니다

2 对(duì)　完(wán)　通(tōng)　到(dào)　懂(dǒng)

(1) 到　　　　(2) 对　　　　(3) 懂　　　　(4) 完　　　　(5) 通

3 (1) 这种鲜花儿真好看。　　　　　　　(2) 我给妈妈打电话了。/ 妈妈给我打电话了。

(3) 这个本子不好，能换一下儿吗?　　(4) 请你帮我交一下儿电话费。

4 (1) A 这件衣服是谁的　A 你能穿吗　　(2) A 这个手机是你的吗　A 手机怎么样

(3) B 没吃完　　　　　　　　　　　　(4) A 忙极了　B 到很晚　A 怎么样　B (很)不错　B 谢谢

5 A 我累了，想去那儿坐坐。

B 等一等，这儿的花儿很好看，你给我照张相，好吗?

A 好，照完了再去。

6 　　今晚我们学校有电影，中午我想给玛丽打电话，请她来我们学校看电影。可是我的手机怎么没有了? 没有手机怎么打电话? 这时候，小王叫我："小李，小李，你的手机我找到了，在教室里。" 我听了，高兴地说："太好了，谢谢你!"

7 (1) 绍　　　　(2) 结　　　　(3) 纪　　　　(4) 今

(5) 个　　　　(6) 会　　　　(7) 念　　　　(8) 拿

8 　　我不喜欢照相，所以平时(píngshí, 평소에)不太照相。上个星期六我和朋友一起去公园玩，公园的风景太美了。所以我们照了很多照片(zhàopiàn, 사진)，照片都很好看。

 | 拿

2 应该(yīnggāi)　行(xíng)　过(guò)　了(le)

当然(dāngrán)　想(xiǎng)　会(huì)

(1) B 当然　　　　　　　　(2) B 应该

(3) A 过　B 过　　　　　　(4) A 了　了　B 过

(5) A 行　B 想　行　　　　(6) B 应该　A 过　B 会　会

3 (1) 没去过呢　(2) 学过　　(3) 过(饭)　很便宜

(4) 去过那个地方　　　　　(5) 没起床

4 (1) A 有人找你　　　　　(2) B 没(人)告诉我　　　　(3) A 收到了吗

(4) A 介绍(介绍)京剧　B 有没有时间　A 给我打电话

5 (1) 你学过汉语没有?　　(2) 我没吃过烤鸭。

(3) 他常常去留学生宿舍。　(4) 你看电视了没有?

(5) 他还没结婚呢!

6 (1) 给朋友找工作。　　　(2) 有人请你介绍一下儿上海。

(3) 这件事能告诉他吗? / 这件事能告诉她吗?

7　　我在八号楼前边等朋友, 一个外国留学生问:"请问, 美国留学生大卫住在八号楼哪个房间?"我说:"我也不知道, 我不住八号楼, 你进去问问宿舍的服务员(fúwùyuán, 직원), 她知道。"这个留学生听了就说:"谢谢!" 她就进八号楼了。

8 (1) 酒　　　(2) 汉　　　(3) 没　　　(4) 演

(5) 地　　　(6) 场　　　(7) 块

9　　我吃过很多中国菜, 我最喜欢的是麻辣烫(málàtàng, 마라탕)。麻辣烫有点儿(yǒudiǎnr, 조금)辣(là, 맵다), 但是味道(wèidào, 맛)好极了。吃麻辣烫的时候, 我可以选(xuǎn, 고르다)自己(zìjǐ, 자신)喜欢的蔬菜(shūcài, 채소)和肉(ròu, 고기), 所以我觉得(juéde, ~라고 느끼다)很有意思。

생각해 봅시다 | 卡

2 (1) 骑　　　(2) 接/看　　　(3) 坐　　　(4) 打/接

(5) 看　　　(6) 划/坐　　　(7) 问　　　(8) 拿/买

3 (1) **A** 来   **B** 去   (2) **B** 去   (3) **B** 去

(4) **A** 来   **B** 来   (5) **B** 去   **B** 来

4 (1) **A** 你喝可乐还是(喝)咖啡?

(2) **A** 你想去上海还是(去)香港?

(3) **A** 你要买橘子还是(买)苹果?

(4) **A** 这个星期天你去公园还是(去)动物园?

(5) **A** 你坐汽车去还是(坐)地铁去?

5 　(1)听说《我的姐姐》这个电影很好，(2)我和王兰都想去看。(3)王兰说："我知道这个电影在哪儿演，明天我们一起去。" 我问："怎么去？" 她说："我骑自行车去。" 我说："我没有自行车。"(4)王兰说："那我们一起坐公交车去吧。"

(1) 这个电影怎么样?

(2) 谁想去看这个电影?

(3) 他们什么时候去看电影?

(4) 他们骑自行车去还是坐公交车去?

6 (1) 里边　(2) 下边　(3) 下边　(4) 外边　(5) 上边　(6) 外边

7 (1) 回　(2) 园　(3) 国　(4) 图

8 　上星期五天气很好，我和同学一起去水原(Shuǐyuán, 수원 [지명])玩儿。我们上午10点坐火车，到了那儿以后我们去华城行宫(Huáchéng Xínggōng, 화성 행궁)走了走。中午我们吃了煎饺子(jiān jiǎozi, 군만두)和牛肉面(niúròumiàn, 뉴러우몐)，都很好吃。下午我们坐公交车回宿舍。我们很累，也很高兴。

생각해 봅시다 | 园

---

18 路上辛苦了 오시느라 고생하셨습니다

1 (1) 坐一会儿　(2) 大学毕业　(3) 等一会儿　(4) 开车

2 (1) 快(就)要毕业了　(2) 车(就)要开了　(3) 快(就)要到北京了

(4) 就要来了　(5) 就要做好了

3 (1) **B** 为什么　**A** 开车　**A** 开走了　**A** 怎么回去

(2) **A** 你喝什么酒　**A** 为什么

4 (1) 菜　　　饭　　　　苹果

    (2) 可乐　　水　　　　酒　　　　饮料

    (3) 书　　　电视　　　电影　　　朋友

    (4) 车　　　地铁　　　火车　　　船

5 (1) 我去年二月<u>从</u>美国来中国。(2) 在飞机上，我<u>跟/和</u>大卫就认识了。他就坐<u>在</u>我旁边。飞机<u>到</u>北京以后，我们很快就<u>下来</u>了。(3) 还没有走出机场，就有学校<u>的</u>人来接<u>我们</u>，(4) 他们在出租车上告诉了我们住的房间号。

    (1) 他是什么时候来中国的?

    (2) 他是在哪儿认识大卫的?

    (3) 是谁去接他们的?

    (4) 他们是怎么来学校的?

6 (1) 划　　　(2) 到　　　(3) 刻　　　(4) 剧

    (5) 很　　　(6) 行　　　(7) 往

7 A:　你看，大卫来了。

    B:　大卫，路上幸苦了。

    大卫: 你们好! 你们怎么来借我?

    A:　今天下午没有课，所以来接你。

    大卫: 谢谢你们来接我。

    B:　我们出去吧。

    大卫: 好。我们怎么去市区(shìqū, 시내)?

    A:　我们坐出租车吧。

생각해 봅시다 | 银行(háng)　　　自行(xíng)车

19 欢迎你 환영합니다

1 (1) 不用翻译　　　(2) 麻烦别人　　　(3) 麻烦

    (4) 真不好意思　　(5) 不用买　　　　(6) 以前

2 (1) 来接电话　　　(2) 第几次　　　　(3) 很多次

    (4) 拿一下儿东西　(5) 从朋友那儿去　(6) 他两/三次

3 (1) 他从玛丽那儿来。/ 玛丽从他那儿来。　(2) 我一句法语也不会说。

    (3) 他去过动物园很多次。　　　　　　　　(4) 现在学汉语的人很多。

4 (1) A 吧　B 一次也没吃过　　　　　(2) A 收到没有　B 上网

(3) A 不用坐公交车　B 不好意思　　(4) A 都没接

(5) A 在　B 就回来　A 楼下 / 这儿　她

5 (1) 请慢一点儿说，说快了我不懂。　　(2) 房间里太热了，我出去走走。

(3) 这是朋友送给我的书。

6　　小王今天给我打电话，他说：“<u>下午两点我去你家</u>，还带一个朋友去。” 我<u>问</u>：“他是谁？”
他说：“到时候你就知道了。”
　　两点到了，小王来了，真的带来了一个女孩儿，小王给我<u>介绍</u>说：“ 她是我们的小学同学
(tóngxué, 반 친구)李丽(Lǐ Lì, 리리[인명])啊!”是李丽啊! 我真不认识了。她变化(biànhuà, 바뀌다)很大，现在是
个漂亮(piàoliang, 예쁘다)的姑娘(gūniang, 아가씨) 了。

7 (1) 快　　　　(2) 慢　　　　(3) 懂　　　　(4) 忙

8 A: 今天晚上你有时间吗？

B: 我晚上没事。

A: 我请你来我家吃饭。

B: 有什么事吗？

A: 今天是玛丽的生日，朋友们一起给她庆祝(qìngzhù, 축하하다)生日。

B: 我们几点见面？

A: 你六点到我家吧。

B: 好。我要给玛丽准备(zhǔnbèi, 준비하다)生日礼物。

생각해 봅시다 | (1) 数 shǔ　请数一下儿一共多少钱。
　　　　　　　　(2) 数 shù　你最好记一下儿钱数。

2 (1) 跟　　　(2) 离　往　　(3) 给　　　(4) 从　从　　(5) 在　　　(6) 对

3 (1) C　　　(2) D　　　(3) C　　　(4) C　　　(5) A　　　(6) B

4 (1) A 你在北京过得怎么样　　　　　(2) A 得怎么样　B 做得很好吃

(3) A 今天你起得很早吧　　　　　　(4) A 你写得怎么样

(5) A 做得很好　　　　　　　　　　(6) B 说得不(太)好

(7) A 玩儿得多高兴 / 玩儿得很高兴 / 玩儿得高兴极了

5 (1) 他说汉语说得很好。　　　　　　(2) 她洗衣服洗得真干净。

(3) 他的书跟我的一样。　　　　　　(4) 我会说一点儿法语。

(5) 他吃饭吃得很慢。　　　　　　　(6) 他走得很快。

(7) 昨天我没出去。　　　　　　　　(8) 他想在贸易公司工作。

(9) 昨天他没翻译完老师说的句子。　(10) 我下午不能去商店。

6 (1) 这张在北京照的照片照得真好。　(2) 她们两个像姐妹一样。

7　　　上星期小刘给我介绍的新朋友叫京京。她就住在我们学校对面(duìmiàn, 맞은편)的大楼八层，她请我们今天下午两点去她家玩儿。两点了，小刘还没来，我就一个人先去了。到了大楼一层，对面过来的就是京京，我说："京京，我来了。" 她看了看我，像不认识的人一样走了，这时候小刘来了。我问小刘："京京 怎么不认识我了？" 小刘说："她不是京京，是京京的妹妹，时间晚了，快上去吧，一会儿我再告诉你。"

(1) C　　　　　(2) B

8 (1) 意思　　(2) 您　　　(3) 感　　　(4) 念

(5) 想　　　(6) 息　　　(7) 怎　　　(8) 然

(9) 点　　　(10) 热　　　(11) 照

9 A:　　大卫，你来了！请这儿坐。

B:　　我们先喝点儿酒吧。你喜欢什么酒？

大卫: 啤酒吧，谢谢。

A:　　你们别客气，像在自己(zìjǐ, 자신)家一样。

大卫: 好的。

A:　　你们尝尝这个饺子怎么样？

B:　　这个饺子做得很好吃。

A:　　多吃点。

大卫: 你怎么不吃了？

A:　　我吃饱了。你们慢慢吃。

생각해 봅시다 ｜ 哥

1 (1) B　　　　(2) A　　　　(3) B　　　　(4) B　　　　(5) B

(6) B　　　　(7) A　　　　(8) A　　　　(9) B　　　　(10) A

2 (1) 骑　　(2) 上　　(3) 看　　(4) 坐　　(5) 喝

(6) 坐 / 划　　(7) 买 / 穿　　(8) 听　　(9) 回 / 在　　(10) 换 / 花

3 (1) ①本 张　②个 岁　③条 辆　④次 句　⑤瓶　　⑥件

(2) ①在 在　②离 往 在　③给　④对　⑤跟 从 从

4 (1) D　　(2) D　　(3) D　　(4) C　　(5) A/B

(6) C　　(7) D　　(8) C　　(9) B　　(10) B

5 (1) 他叫什么(名字)　　(2) 他是哪国人

(3) 他是坐地铁来的吗　　(4) 你要喝咖啡还是喝茶

(5) 她是谁　　(6) 你呢

(7) 他做什么工作　　(8) 做得怎么样 / 好吃吗 / 好吃不好吃

(9) 为什么今天不喝呢　　(10) 做得怎么样 / 做得好吃吗 / 做得好吃不好吃

6 (1) 会(说)一点儿　　(2) 我(们)照张相

(3) 回家吧　　(4) 问问老师

(5) 上去找他吧　　(6) (有)考试 / (要)考试

(7) 说得慢一点儿　　(8) 没看过呢

(9) 不能打电话了　　(10) 可以吗 / 可以不可以

7 (1) ③　　(2) ②　　(3) ①　　(4) ③　　(5) ②

21 请你参加 참석해 주세요

1 (1) 帮助妈妈　　(2) 正在　　(3) 通知我们　　(4) 参加工作

(5) 一定喜欢　　(6) 通知　　(7) 饭店里边

2 (1) A　　(2) A　　(3) B　　(4) A　　(5) B　　(6) B

3 (1) √　　(2) √　　(3) ×　　(4) ×　　(5) √　　(6) ×

4 (1) 小王请我帮他拿东西。　　(2) 老师通知我们去长城。

(3) 我转告他这件事了。　　(4) 圣诞节我去听音乐会。

(5) 昨天我们去动物园看了很多动物。

5 (1) A　　(2) A　　(3) C

6　A: 下周六是我的生日，你想来参加我的生日晚会吗？

　　B: 好啊！晚会几点开始？

　　A: 晚上六点半，就在我家里。

　　B: 没问题。你家离学校远吗？怎么去呢？

　　A: 不太远。你可以坐公共汽车，也可以坐地铁。

　　B: 坐地铁在哪儿下车？

　　A: 在体育馆站下车，走路五分钟就到了。

　　B: 好的，下周六见！

1　(1) **B** 没空儿　**A** 有空儿　　　　　　(2) **B** 陪她去商店

　　(3) **B** 刚来　　　　　　　　　　　　　(4) **B** 有个约会

2　(1) A　　(2) A　　(3) B　　(4) C　　(5) B　　(6) B

3　(1) ×　　(2) √　　(3) √　　(4) ×　　(5) √　　(6) ×　　(7) √

4　(1) **A** 你吃橘子了吗？

　　　　A 你吃了几个橘子？

　　(2) **A** 你跟王先生见面了吗？

　　　　B 跟他见面了。他给了我一本杂志。

　　(3) **A** 我刚拿来的那本书你见了没有？

　　　　B 没见，刚拿来就没有了？你再找找。

5　(1) C　　　　(2) A　　　　(3) C　　　　(4) C

6　A: 明天晚上有京剧表演，你想和我一起去吗？

　　B: 哎呀，真不巧，我也想去看，可是明天不行。

　　A: 为什么？你是跟女朋友约会吗？

　　B: 后天就考试了。明天晚上我要复习。

　　A: 那你这个周末有时间吗？

　　B: 考试以后我有时间，到时候我们再去，好吗？

　　A: 没关系，那我们下个周末再去吧。

　　B: 好的！

1   (1) **A** 才来   **B** 久等   (2) **B** 借多长时间   **A** 还给你

      (3) **A** 弄坏了   **B** 会修   (4) **A** 约谁

2   (1) B   (2) B   (3) C   (4) B   (5) A   (6) A

3   **A** 大卫，你看完那本杂志了吗？我也想看看。

      B 还没看完呢，明天给你可以吗？

      A 可以，你看完以后，让张新给我吧。

      B 张新回上海去了，我能找到你，我给你吧。

4   (1) ×   (2) ×   (3) √   (4) √   (5) √   (6) ×   (7) ×   (8) ×

5   (1) A   (2) B   (3) B

6   (1) **A** 上来   **B** 上去   (2) **A** 回来   **B** 回去

      (3) **A** 过来   **B** 过去   (4) **A** 出去   **B** 出去

1   (1) **A** 忘在里边了   **B** 马上   **A** 别急

      (2) **A** 见到   **A** 摔坏   **B** 真可惜

2   (1) A   (2) B   (3) B   (4) A   (5) A   (6) B

3   (1) ×   (2) √   (3) √   (4) ×   (5) √

      (6) ×   (7) ×   (8) √   (9) √   (10) √

4   (1) 饭做好了，妈妈让我们吃饭。   (2) 我的新书弄脏了，真糟糕！

      (3) 他打网球的时候摔坏了手机。   (4) 他房间的地上有很多东西，乱七八糟的。

      (5) 他新买的手机摔坏了，你说可惜不可惜？   (6) 糟糕，给朋友买的礼物忘拿了！

5   (1) B   (2) C   (3) C   (4) A

6   A: 昨天的京剧怎么样？

      B: 昨天的京剧很好看，但是我的手机丢了，所以我一张照片也没拍。

      A: 哎呀！你在哪儿丢的？找到了吗？

      B: 在出租车上丢的，没找到。

      A: 真遗憾。

25

25 这张画儿真美！ 이 그림은 정말 아름답습니다!

1 (1) A 张画儿　　B 得真好

(2) A 觉得很抱歉

(3) A 布置好了

(4) A 方便不方便

(5) A 放在哪儿　　B 放在桌子上

2 (1) B　　　(2) B　　　(3) B　　　(4) C　　　(5) B

3 (1) ✗　　　(2) √　　　(3) ✗　　　(4) √　　　(5) ✗　　　(6) √

4 (1) 今天他们两个一起去公园玩儿了。

(2) 这个衣柜颜色这么好看！

(3) 你说今天冷，我觉得昨天更冷。

(4) 要是你不认识路，我就带你去。

(5) 这本杂志借给我看看吧。/ 这些杂志借给我看看吧。

5 (1) B　　　(2) B　　　(3) A　　　(4) A　　　(5) C

6 A: 你的家布置得真漂亮，颜色也很好看！

B: 谢谢！这些东西都是我上个月买的。

A: 这些菜也是你做的吗？真好吃！

B: 是啊，多吃一点儿。

A: 没想到你汉语说得好，菜做得也这么好。

B: 哪儿啊。

26 祝贺你 축하합니다

1 (1) A 考得怎么样　A 考得不太好　　　　(2) A 有一个问题

(3) A 全班　　　　　　　　　　　　　　　(4) A 拿得了吗

(5) B 你工作顺利

2 (1) B　　　(2) B　　　(3) B　　　(4) C　　　(5) C　　　(6) C

3 (1) ✗　　　(2) ✗　　　(3) √　　　(4) √　　　(5) ✗　　　(6) ✗

4 (1) 这个问题难，我不会做。

(2) 他们结婚以后，有了一个很可爱的孩子，生活得很幸福。

(3) 这个铅笔盒打不开，你帮我一下儿。

(4) 这本小说你一个星期看得完看不完?

(5) 那个中国人说得太快，我听不懂。

(6) 他买了一条鱼，想晚饭的时候吃。

5 (1) C　　　(2) C　　　(3) C

6 A: 我这次HSK考试考得非常好!

B: 太好了! 祝贺你!

A: 谢谢，我每天都复习得很认真。

B: 你这次考得这么好，我也很高兴。

A: 今天晚上我请你吃好吃的。

B: 太谢谢你了!

A: 我们去学校旁边的那家饭店吧。

B: 好啊!

27 你别抽烟了 담배를 피우지 마세요

1 (1) **A** 注意休息　　　(2) **A** 有点儿咳嗽

(3) **A** 病了　**B** 什么病　　　(4) **A** 迟到，别迟到

(5) **B** 觉得很舒服　　　(6) **A** 交通事故

(7) **A** 习惯北京的生活

2 (1) C　　(2) C　　(3) C　　(4) C　　(5) B　　(6) B　　(7) A

3 (1) ×　　(2) ×　　(3) √　　(4) ×　　(5) ×　　(6) ×

4 (1) 喝一点儿酒没关系，喝多了对身体不好。

(2) 今天我有点儿忙，没空儿，明天陪你去吧。

(3) 每年我都来中国。

(4) 他习惯真不好，每天房间里乱七八糟的。

(5) 别抽烟了，你看你都咳嗽了。

5 (1) C　　　(2) A　　　(3) C　　　(4) A

6 A：小张，你怎么了？你的眼睛很红。

B：没什么。我在玩手机，已经玩了三个小时了。

C：别玩了，玩得太久对身体不好。

D：我知道，但是玩手机很有意思。

A：你最近看手机看得太多，睡觉也睡得太晚。

B：你说得对，我的眼睛有点儿不舒服。

A：别看了，你得休息休息。

B：好的，那我们现在去公园走走吧。

1 (1) **A** 下雨　　　　　　　**B** 下雨，刮风

(2) **A** 听天气预报

(3) **A** 外边很凉快　　　　　**B** 凉快极了

(4) **A** 个子高

(5) **A** 练习写字　　　　　　**B** 练习写字

2 (1) B　　(2) C　　(3) B　　(4) C　　(5) C　　(6) C

3 (1) ×　　(2) ×　　(3) ×　　(4) √　　(5) ×　　(6) ×

4 (1) 词典比我的新

(2) 比昨天热

(3) 比小张家人口少 / 比小张家少两口人

(4) 比一斤苹果贵一块钱

(5) 比小张滑冰滑得好 / 滑冰比小张好

5 (1) C　　　(2) A　　　(3) C

6 A：今天天气真热。

B：是啊。北京的夏天非常热。

A：你的国家和中国的天气一样吗？

B：不一样，中国的夏天比我们那里热多了。

A：是吗？

B：我们那里的夏天比较凉快，风也刮得大。

A：那冬天呢？你们那里的冬天冷不冷？

B：冬天比中国暖和一点儿，雪也下得少。

1 (1) **A** 什么运动

(2) **A** 会游泳

(3) **A** 谁跟谁比赛

(4) **A** 练了多长时间　　　**A** 教你吗

(5) **B** 去旅行　　　**A** 旅行

(6) **A** 丢了　　　**B** 丢在哪儿了

(7) **B** 躺一会儿

2 (1) A　(2) A　(3) B　(4) C　(5) B

3 (1) ×　(2) ×　(3) ×　(4) √　(5) ×　(6) √

4 (1) 小张没有大卫个子高。/ 小张个子没有大卫高。

(2) 王兰没有玛丽喜欢滑冰。

(3) 昨天的风没有今天大。

(4) 这套衣服没有那套漂亮。

(5) 他以前身体没有现在好。

(6) 我抽烟没有他多。

(7) 我游泳没有他游得快。

5 (1) C　(2) A　(3) C　(4) C

6 A: 你有什么爱好?

B: 我很喜欢唱歌。

A: 你唱得怎么样? 也喜欢跳舞吗?

B: 我唱得还可以，但是跳舞跳得不好。

A: 没关系，我跳舞跳得还不错。

B: 太好了! 那以后我们可以一起练习。

A: 好的，练习以后我们还可以去喝咖啡。

B: 没问题!

1 (1) **B** 提高工作能力

(2) **A** 记住了　　　　　　　　**B** 记住

(3) **A** 比较一下儿

(4) **A** 当妈妈　　　　　　　　**B** 当爸爸

(5) **B** 收拾　　　　　　　　　**A** 收拾好

(6) **B** 看不清楚

2 (1) B　　(2) C　　(3) A　　(4) A　　(5) C　　(6) C

3 (1) 我有一个姐姐，一个哥哥，在家里我是最小的。

(2) 我常常骑快车，妈妈不放心。

(3) 我的手机除了能照相以外，还能上网。

(4) 我的书包里除了钱包以外，都是上课要用的东西。

(5) 我去广州旅行了一个星期。

(6) 他们谈话谈了一个小时。

4 (1) 我除了应该买一个洗衣机以外，还应该买一个冰箱。

(2) 全班同学除了大卫以外，都来了。

(3) 他给朋友们当了三天导游。

(4) 她跟中国朋友学做包子学了两个小时。

(5) 我每天早上跑步跑半个小时。

5 (1) A　　(2) B　　(3) C

6 A: 你汉语说得不错，发音很清楚。你学汉语学了多长时间了？

B: 谢谢！我学汉语学了两年了。我觉得多听多说可以提高听和说的能力。

A: 你每天听得多吗？

B: 对，我每天早上听汉语哥儿听一个小时。

A: 那写字呢？我觉得汉字很难写。

B: 我写得也不太好，但是每天都练习。

A: 你这么努力学习，水平一定能提高得很快。

B: 是啊，我们以后一起练习说汉语吧！

1 (1) **A** 游览　　(2) **A** 什么计划　**A** 计划

(3) **A** 各种各样　　(4) **A** 风景怎么样

(5) **A** 热闹

2 (1) C　　(2) C　　(3) C　　(4) C　　(5) A

3 (1) ×　　(2) √　　(3) ×　　(4) ×　　(5) ×　　(6) ×　　(7) √

4 (1) 昨天上午你打字打了多长时间？

(2) 晚上你要预习多长时间语法？

(3) 现在你能翻译一些句子了吗？

(4) 慢点儿说，你听得懂听不懂？ / 慢点儿说，你听得懂吗？

5 (1) B　　(2) C　　(3) B

6 A: 你上个星期不是去旅行了吗？

B: 是啊，我昨天下午刚从桂林回来。

A: 在那儿过得怎么样？

B: 非常愉快！我带回来很多好吃的。

A: 那里有很多名胜古迹吧？

B: 是的，那儿的风景美极了！

A: 从北京到桂林坐火车要坐多长时间？

B: 坐高铁大概得十个小时。

1 (1) **A** 帮忙吗　　(2) **A** 预订了吗

(3) **B** 讨论语法　　(4) **A** 检查

(5) **A** 挂在哪儿了　　(6) **A** 停着

(7) **A** 三天以内

2 (1) A　　(2) B　　(3) A　　(4) B　　(5) B

3 (1) 他进电影院去看电影了。

(2) 商店里挂着很多广告。

(3) 我出门的时候忘了关电视，现在电视还开着呢，真糟糕！

(4) 星期天我要去学校给老师帮一天忙。

(5) 你看见小李了吗？我找了他好长时间了。

4 (1) 图书馆外边停着小汽车没有？

(2) 他在开讨论会的时候看见张老师了没有？

(3) 桌子上放着一个漂亮的花瓶没有？

(4) 他家的门关着没有？

(5) 钱包里放着银行卡没有？

(6) 你听见外边有人说话没有？

5 (1) B   (2) B   (3) C

6   我的房间布置得很整齐，里边放着一张大床和一张桌子。桌子上放着电脑，墙上挂着几张漂亮的照片。

33 我们预订了两个房间 우리는 방을 두 개 예약했습니다

1 (1) A 空房间吗   B 住满了

(2) A 穿裙子，穿裤子   B 裤子

(3) A 渴极了/ 渴死了

(4) A 洗，澡

(5) A 质量真不好

(6) A 终于来了

2 (1) B   (2) C   (3) B   (4) B   (5) A

3 (1) 这个车太大，门太小，开不进去。   (2) 你看，她穿得漂漂亮亮的。

(3) 打开空调吧，我们可以凉快地休息休息。   (4) 只要不下雨，我们就去划船。

(5) 刚运动完，我想先洗洗澡再吃饭。   (6) 他买了一件白衬衫。

4 (1) 这个包太小，书放不进去。   (2) 这辆车满了，我上不去了。

(3) 只要有地图，我就能找到那个地方。   (4) 只要空调的质量好，我就买。

(5) 只要箱子不大，就能放进车里。

5 (1) B   (2) C   (3) C   (4) B

6 A: 下个月我们要去旅行，你想住什么样的房间？

　　B: 我想订一个大一点的房间。

　　A: 没问题，我查一下有没有大一点的房间。

　　B: 我们坐什么去呢？坐火车怎么样？

　　A: 火车太慢了，坐飞机的话，两个小时就能飞到。

　　B: 好吧。今天晚上在网上预订机票吧。

34 我头疼　나는 머리가 아픕니다

1 (1) **A** 锁好　　　　　　(2) **A** 锻炼身体

　　(3) **A** 一个手术　　　　(4) **A** 摔伤了

　　(5) **B** 打针　　　　　　(6) **A** 开始上课

2 (1) A　　(2) B　　(3) B　　(4) B　　(5) A

3 (1) 王经理把文件看完了。

　　(2) 大夫请他把嘴张开，要看看他的嗓子。

　　(3) 她一进家门就说：“妈妈，快吃饭吧，我饿死了！”

　　(4) 只要休息休息，伤就能好。

　　(5) 她打了两天针，现在好多了。

　　(6) 请你把灯开开，我想看看书。

4 (1) 他把出院手续办完了。

　　(2) 他把手弄伤了。

　　(3) 早上锻炼的时候，他把自行车钥匙丢了。

　　(4) 你把那个橘子吃了吧！

　　(5) 他把去上海的飞机票买好了。

5 (1) B　　(2) A　　(3) B

6 A: 你昨天怎么没来上课？身体不舒服吗？

　　B: 对，我感冒了，一起床就觉得不舒服。

　　A: 哎呀，那你去医院了吗？

　　B: 去了，大夫给我开了很多药，我已经吃药了。

　　A: 吃了药以后，你现在怎么样？

　　B: 我休息了一天，现在已经全好了。

35　你好点儿了吗?　좀 좋아졌습니까?

1 　(1) **B** 保证没问题　　　　　(2) **B** 准时送到

　　 (3) **B** 戴手表　　　　　　　(4) **B** 被(预)订完了

　　 (5) **A** 看样子要下雨　　　　(6) **A** 喝点儿咖啡什么的

2 　(1) B　　　(2) A　　　(3) B　　　(4) B　　　(5) A

3 　(1) 他的身体一天比一天好。

　　 (2) 那个买手机的人是我弟弟。

　　 (3) 车开得太快，那棵小树叫车撞倒了。

　　 (4) 那儿离这儿很近，不用坐车，我们走着去吧。

　　 (5) 看样子他很着急，我不知道为什么。

　　 (6) 刚买的杂志被我忘在出租车上了。

4 　(1) 打球的时候，他被撞倒了，眼镜也被摔坏了。

　　 (2) 孩子的牛奶被小狗喝了。

　　 (3) 妹妹被她关在门外了。

　　 (4) 他寄给玛丽的东西被快递公司退回来了。

　　 (5) 电影票被他弄丢了，不能看电影了。

5 　(1) A　　　(2) C　　　(3) A

6 　　　今天我去医院看朋友，给他带了很多新鲜的水果。我知道他最喜欢吃苹果，所以给他带了一些苹果。除了水果，我还给他带了几本有意思的书。我觉得他读了这些书，身体也会好得快一些。我把带去的礼物都放在了桌子上。希望他早点儿出院。

36　我要回国了　나는 귀국하려고 합니다

1 　(1) **A** 跟同学们告别了吗　　(2) **A** 打扰您一下儿

　　 (3) **A** 照顾孩子　　　　　　(4) **A** 准备好了没有

　　 (5) **A** 继续学习　　　　　　(6) **A** 你打算去旅行吗

　　 (7) **B** 好机会

2 　(1) A　　　(2) B　　　(3) A　　　(4) C

3 (1) 他来教室十分钟了。

(2) 他们聊了半个小时(天儿)。

(3) 放假的时候，我们班有的同学去上海，有的同学去桂林。

(4) 我快回国了，明天去向朋友告别。

(5) 好多日子没有看见他了。/ 好长时间没有看见他了。/ 好多天没看见他了。

4 (1) 我一边看书，一边听音乐。

(2) 趁天气好，我去公园看花儿。

(3) 这些杂志有的是我的，有的是我妹妹的。

(4) 我们离开商店半个小时了。

(5) 往前走就是商店。

5 (1) C　　(2) B　　(3) C　　(4) B

6 A: 听说你下个星期就要回国了，是真的吗?

B: 是的，我下周三就要走了，时间过得真快。

A: 你怎么回去? 坐飞机还是坐船?

B: 我打算坐飞机回去，机票已经买好了。

A: 回国以后，你有什么打算? 想做什么工作?

B: 我想先休息一下，然后去一家中国公司上班。

A: 太好了! 以后我们还要经常联系。

B: 没问题，以后你来我的国家，一定要告诉我。

37 真舍不得你们走 당신들이 떠난다니 정말 섭섭합니다

1 (1) **A** 开个欢送会吧　　(2) **A** 取得签证了吗

(3) **A** 舍不得，留给　　(4) **A** 该吃饭了

(5) **B** 颜色，深　　(6) **A** 汉语水平

2 (1) A　　(2) C　　(3) A　　(4) A　　(5) C　　(6) C

3 (1) 她把衣服挂在柜子里了。

(2) 他把电话号码留在玛丽的本子上了。

(3) 同学们把练习本交给老师了。

(4) 桂林的风景很美。

(5) 参观浦东的时候，导游热情地给我们介绍。

4 (1) 他虽然生病了，可是没有休息。　　(2) 人们的生活水平越来越高了。

(3) 老师把几个句子写在黑板上了。　　(4) 我把照相机借给王兰用了。

(5) (已经)十一点了，该睡觉了。

5 (1) C　　(2) B　　(3) C　　(4) B

6 A: 下周大卫就要回国了。

B: 是的，我打算这个周六晚上六点给大卫开一个欢送会。

A: 太好了！地点定在哪儿？

B: 我们去学校旁边的那家中国饭店。

A: 好的。你打算请多少人参加？同学们都去吗？

B: 对，大家都要去送送他。

A: 除了吃饭以外，你还准备了什么活动？

B: 我们还要一起唱歌、照相，还要送给他一件特别的礼物。

38 这儿托运行李吗? 여기가 짐을 부치는 곳입니까?

1 (1) A 打听到了　　(2) A 搬得动吗

(3) A 能取　　(4) B 为了身体健康

(5) A 算对了吗

2 (1) A　　(2) B　　(3) C　　(4) B　　(5) A

3 (1) 为了方便顾客休息，商店里放了一些长椅。

(2) 他的行李箱里不但有衣服，而且有书。

(3) 钱快花完了，下午我要去银行取钱。

(4) 那儿不但古迹多，而且风景很美。

(5) 刚见面的时候，我想不起他的名字来了，现在想起来了。

4 (1) 你应该按照价目表交钱。

(2) 天气好的话，你可以坐飞机去那儿。

(3) 把那本书拿下去的话，就不超重了。

(4) 我来中国是为了学习汉语。

(5) 他不但喜欢学习汉语，而且喜欢唱中文歌。

5 (1) B　　(2) A　　(3) C　　(4) A

⑥ A: 快要放假了，可是我的行李太多了。

B: 你打算怎么把这些行李带回家？

A: 我想去机场托运，但是不知道贵不贵。

B: 你这么多行李，一定会超重。

A: 那怎么办？我一个人带不了这么多东西。

B: 你可以先找快递公司把行李寄回去，他们会上门取行李。

A: 这个主意不错。

39 不能送你去机场了 당신을 공항까지 배웅할 수 없습니다

① (1) **A** 很特别 (2) **A** 添点儿

(3) **A** 轻一点儿 (4) **A** 不结实 **B** 结实点儿的

(5) **B** 随身带着 (6) **A** 多了解中国

② (1) B (2) B (3) A (4) C (5) B

③ (1) 你今天还是明天去取照片？

(2) 我的手提包不如你的新。

(3) 旅行的时候，我和玛丽住在一个房间，和子住在另外一个房间。

(4) 下星期的足球比赛你报名了吗？

(5) 以前买的这双鞋很结实，我(还)要再买一双(这样的鞋)。

④ (1) 今天不如昨天暖和。

(2) 坐汽车去不如坐地铁快。

(3) 大夫说，今天住院或者明天住院都可以。

(4) 在上海，我们不但参观了浦东，而且参观了南京路。

⑤ (1) A (2) C (3) C (4) C

⑥ A: 听说你明天要去旅游，你准备得怎么样了？

B: 我正收拾行李呢，东西真多。有点儿乱。

A: 别忘了带护照。

B: 放心吧，我已经放在包里了。

A: 你明天几点出发？去机场的车定好了吗？

B: 早上八点的飞机，我打算六点坐出租车去。

A: 真抱歉，我不能送你去机场了。

B: 没关系。你忙吧。

1 (1) **A** 平平安安回家来

(2) **B** 耽误了学习

(3) **A** 考虑得怎么样

(4) **A** 进步不大，不努力

(5) **B** 合适的时间

(6) **B** 跑不动

2 (1) A　　(2) A　　(3) B　　(4) B　　(5) B

3 (1) 在商店，我挑好了帽子，就去交钱了。

(2) 我没把手提包忘在酒店。

(3) 过马路的时候，要注意交通安全。

(4) 你回到家，替我向你爸爸、妈妈问好。

(5) 我希望你早一点儿出院，回到学校。

4 (1) 他一回到家，就打开了电脑。

(2) 他没把行李收拾好。

(3) 汽车太挤的话，就坐出租车吧。

(4) 足球比赛的时候，虽然他的腿受伤了，可是他还继续参加比赛。

5 (1) C　　(2) A　　(3) C　　(4) A

6 A：我们去候机室坐一会儿。今天张丽英有事不能来。

B：没事儿，她忙吧。

A：行李都办好托运了吗?

B：都办好了，我只带了一个小包上飞机。

A：你该进去了。拿好小包，准备过海关。你可别忘了我。

B：不会的。我会经常给你发微信。

A：祝你回国以后找工作顺利，身体健康。祝你一路平安! 再见!

B：再见!

❶ (1) 参观　　(2) 帮　　(3) 约　　(4) 布置　　(5) 放

(6) 挂　　(7) 有点儿, 一点儿　　(8) 晚　　(9) 对

❷ (1) B　　(2) D　　(3) C　　(4) D　　(5) C

(6) C　　(7) B　　(8) A　　(9) D　　(10) D

(11) A　　(12) D　　(13) A　　(14) D　　(15) B

❸ (1) B　　(2) B　　(3) B　　(4) B　　(5) C

(6) D　　(7) C/D　　(8) C　　(9) B　　(10) C

(11) A　　(12) D　　(13) D　　(14) D　　(15) C

❹ (1) B 上

(2) B 麻烦你帮我

(3) A 照(一)张相

(4) A 你去香港还是去上海

(5) A 你常上网吗

(6) A 汉语难吗

(7) B 我把手机忘在家里了

(8) A 让你久等了

(9) A 在这儿你生活得习惯吗

(10) A 照片上的人

❺ (1) 昨天比今天冷。　　(2) 我唱歌唱得没有他好。

(3) 我的自行车被他借走了。　　(4) 大风把小树刮倒了。

(5) 我迟到是因为起晚了。

❻ (1) A: 你会说　　(2) A: 听得懂吗 / 听得懂听不懂

(3) A: 听了多长时间　　(4) A: 买东西了

(5) A: 开着

도서 소개

제5판 **301**句로 끝내는 **중국어** 회화 **워크북**

편저 康玉华 · 来思平
감수 DUAN LI(段丽)
펴낸이 정규도
펴낸곳 (주) 다락원

제1판 1쇄 발행 1999년 8월 18일
제2판 1쇄 발행 2004년 3월 1일
제3판 1쇄 발행 2006년 12월 8일
제4판 1쇄 발행 2017년 10월 30일
제5판 1쇄 발행 2026년 4월 15일

편집장 이상윤
편집 박소정, 김현주
디자인 박나래
조판 정규옥
일러스트 윤세정

다락원 경기도 파주시 문발로 211
전화 (02)736-2031 (내선 250~252/내선 430, 437, 561)
팩스 (02)732-2037
출판등록 1977년 9월 16일 제406-2008-000007호

ISBN 978-89-277-2358-5 14720
     978-89-277-2354-7 (set)

www.darakwon.co.kr
다락원 홈페이지를 방문하시면 상세한 출판 정보와 함께 동영상 강좌, MP3 자료 등 다양한
어학 정보를 얻으실 수 있습니다.